Le dernier loup de mer

Jean-Luc Van Den Heede

Le dernier loup de mer

Avec la collaboration de Didier Ravon

Stock

Ouvrage publié sous la direction de
Benoît Heimermann

Vous pouvez retrouver des informations complémentaires sur le site de Jean-Luc Van Den Heede www.vdh.fr

Couverture : Coco Bel Œil
Photo de couverture : © Jean-Marc Arthot

ISBN 978-2-234-08838-2

À Don McIntyre qui a eu l'extraordinaire idée
de faire revivre une course mythique
et qui l'a gérée de main de maître.

À Odile qui m'a accompagné à fond
dans cette aventure.

À Élisabeth et Éric qui ont vu si souvent
partir leur père.

Et à mes cinq petits-enfants...

Avertissement

Lancée au départ des Sables-d'Olonne le 1er juillet 2018, la Golden Globe Race est une course autour du monde en solitaire et sans escale qui a été créée pour célébrer le cinquantième anniversaire du Golden Globe Challenge remporté le 22 avril 1969 par l'Anglais Robin Knox-Johnston. À l'époque neuf concurrents avaient participé à cette compétition parrainée par le *Sunday Times*, mais huit abandonnèrent ou renoncèrent, comme le Français Bernard Moitessier qui choisit de bouder la ligne d'arrivée afin de poursuivre sa « longue route » ou l'Anglais Donald Crowhurst qui mit fin à ses jours, honteux d'avoir menti sur ses positions depuis le jour de son départ.

Pour ajouter à l'hommage à cette course mythique, la Golden Globe Race nouvelle version était ouverte uniquement aux monocoques de croisière conçus il y a trente ans et plus. Ces voiliers de dix à onze mètres ne pouvaient embarquer ni GPS, ni électronique, ni ordinateur, ni pilote électrique. Leurs positions ne pouvaient être calculées qu'à l'aide d'un sextant. Comme en 1968-1969, le règlement autorisait l'utilisation d'un moteur (mais avec une quantité de carburant limitée à 150 litres), ainsi que celle d'un sondeur électronique (pour mesurer la profondeur des fonds).

Seule entorse à ces conventions draconiennes, les concurrents disposaient pour assurer leur sécurité de moyens de communication modernes (téléphone par satellite, balises de détresse, etc.) mais n'avaient le droit de les utiliser qu'en cas d'extrême urgence, sous peine d'être pénalisés voire disqualifiés. Des balises permettaient de positionner l'ensemble de la flotte et de suivre sa progression sur le Net.

Dix-sept bateaux prirent part à cette seconde édition, mais seuls cinq d'entre eux franchirent la ligne d'arrivée. Large vainqueur, Jean-Luc Van Den Heede est rentré aux Sables-d'Olonne le 29 janvier 2019 après 212 jours de mer (contre 313 à Robin Knox-Johnston, cinquante ans plus tôt).

Préface de Thomas Coville[1]

J'ai beau avoir été, l'espace de quelques mois, le marin solitaire le plus rapide autour de la planète, je suis loin d'être indifférent à l'éloge de la lenteur telle que la Golden Globe Race l'a mise en valeur au cours de l'hiver 2018-2019. Un tour du monde « à l'ancienne », selon des critères de navigation fondamentaux, quelle belle idée ! Cerise sur le gâteau : on ne pouvait rêver vainqueur plus conforme pour en promouvoir l'esprit.

Jean-Luc Van Den Heede va de l'avant, il progresse sans cesse, mais il donne aussi l'impression d'être figé dans le temps. Quel âge a-t-il ? Depuis quand bourlingue-t-il ? Combien de

1. Skipper de *Sodebo*, a notamment détenu en 2016 le record du tour du monde en solitaire en 49 jours et 3 heures. Il a franchi huit fois le cap Horn en course.

circumnavigations a-t-il additionnées ? Personne ne le sait vraiment. Et qu'importe !

À dire vrai, Jean-Luc est « hors » du temps. Pour lui, ni le temps qu'il fait, ni le temps qui passe n'importent vraiment. Il appartient à la génération de mes parents, mais ses yeux brillent comme ceux de mes enfants. Son cœur bat au rythme de la mer qui sans cesse se retire et se renouvelle. Il « vit » et il « est » le plus simplement du monde, le plus naturellement du monde.

Tout chez lui – son port, sa stature, sa barbe, son regard – trahit l'honnêteté et la droiture, deux valeurs qui, elles aussi, sont de tous les temps. Lorsque VDH vous serre la main, les cals qui gonflent ses paumes dénoncent, dans la seconde, l'authenticité de sa démarche et l'audace qui est la sienne de toujours vouloir retourner « là-bas », en des lieux où, précisément, le mensonge n'existe pas. Sa voix, puissante et forte (quand elle ne chante pas...), ajoute encore à sa sincérité.

VDH tranche. VDH détonne. Mais ce qui me frappe le plus, chez lui, ce sont ses choix. Là est peut-être le plus grand de ses mérites. Car, en vérité, rien ne le prédestinait. Ni ses origines, ni son milieu familial. C'est lui, et lui seul, qui a donné un sens à sa vie. Son parcours, au propre comme au figuré, est tout simplement incroyable. Il l'est d'autant plus qu'il l'a imaginé seul, avec un mélange de pragmatisme et de passion qui – selon mes critères – fait de lui un parfait « homme libre ».

1
Knock-down

Avec la régularité d'un bourdon de cathédrale, les vagues se fracassent sur le flanc tribord de mon bateau. Puissantes et vicieuses à la fois, elles sont non seulement agressives, mais les déflagrations qu'elles provoquent dans l'habitacle transformé en tambour géant augmentent encore le niveau de menace et de stress. Je suis sur le qui-vive. Mon voilier se balance d'un bord sur l'autre avec l'obstination d'un métronome. Ce n'est pas la première fois que j'affronte un coup de tabac dans ces immensités éloignées de toute terre. J'ai confiance en mon « coffre-fort ». Il n'empêche, la situation est préoccupante et ce n'est que parce que je suis rincé par la nuit blanche précédente que je parviens à fermer un œil.

Le répit est de courte durée ! Sans prévenir, d'un seul coup, je bascule en dehors de ma bannette, roule et m'écrase de tout mon poids telle une mouche (de quatre-vingt-dix kilos tout de même !) sur un placard. Une seconde encore, et je me retrouve collé au plafond. Je suis à demi conscient. Entre rêve et réalité. J'entends des tas d'objets tomber dans un chaos et un vacarme indescriptibles jusqu'à cette porte de frigo qui s'ouvre, libérant une cascade de provisions soudain transformées en projectiles.

Preuve de la férocité de cette déferlante, le lourd plancher permettant d'accéder aux batteries s'est totalement désolidarisé et ce malgré le loquet de sécurité et l'imposante valise médicale disposée par-dessus. Pas de doute, j'ai chaviré ou tout au moins effectué un sérieux tonneau ! De 130 ? 140 ? 150 degrés ? Peu importe : mon brave Rustler 36 a été sonné et a encaissé une lame aussi pernicieuse que redoutable. Un véritable uppercut. Un instant encore et me voilà roulant en sens inverse jusqu'à me retrouver à nouveau d'aplomb. Par quel miracle ? La lourde quille, qui représente à elle seule presque la moitié du poids du bateau, a joué son rôle. Dieu merci, je bouge et reprends mes esprits. Rien de cassé me semble-t-il, de petites contusions sans doute, mais aucune blessure grave.

Dans le capharnaüm, je localise mes bottes (pointure 47) et mon ciré (XXL), grimpe sur le pont et constate les dégâts. Le mât est encore debout mais il chancelle. La capote de descente qui me permet de barrer à l'abri est littéralement déchiquetée, son armature en inox vrillée comme un vulgaire fil de fer. Je n'en mène pas large mais me ressaisis ! Ce n'est pas le moment de se laisser abattre. J'attrape la torche au pied de la descente et repars sur le pont pour une inspection approfondie. La nuit est d'encre. Le vent souffle en furie. À la louche, il y a bien neuf mètres de creux. « Une main pour soi, une main pour le bateau » : l'adage s'impose plus que jamais ! D'autant que je ne suis relié à aucune ligne de vie et ne porte pas de gilet de sauvetage. Je sais que ce n'est pas raisonnable, mais je n'ai pas eu le temps de l'enfiler et de toute manière, dans cette situation, ça ne serait pas très utile puisque je suis seul à bord et que le concurrent le plus proche est à plus de deux semaines de mer de ma position.

Flash-back. Quarante-huit heures plus tôt, la direction de course[1] m'a mis en garde à propos d'un fort coup de vent. Je perçois même une certaine anxiété dans la voix de mon complice Don McIntyre, l'organisateur en chef, vieux marin et briscard à qui j'ai prêté mon appartement dominant la baie des Sables-d'Olonne durant mon absence. Contrairement à moi, il a accès à toutes les

1. Les responsables de la Golden Globe Race chargés d'appliquer le règlement de l'épreuve.

prévisions météo, de plus en plus fiables et précises. Moi, je vois surtout le stylet de mon baromètre enregistreur en chute libre. Un signe qui, hélas, ne trompe pas ! Les radioamateurs confirment aussi une tempête avec des vents de sud-ouest force 11, rafales à 12, accompagnés de vagues de la taille d'un immeuble de trois étages. Je navigue alors vent de travers à environ 2 000 milles (3 700 km) du cap Horn ce 5 novembre. Presque une routine après 126 jours de navigation.

De temps à autre, une lame plus forte explose sur la coque. Bien que mon bateau soit plutôt raide à la toile grâce à sa bonne largeur, j'avoue être à la fois préoccupé et concentré. Après avoir affalé totalement ma grand-voile, je ne porte plus qu'un minuscule bout de toile à l'avant. En prévision du pire, j'ai pris soin d'arrimer et d'attacher tout ce qui peut l'être. Il faut néanmoins que je me repose au plus vite. Somnambule ou presque, je note dans mon journal de bord – un cahier d'écolier 21 × 29,7 à petits carreaux avec une couverture en plastique rouge : « Vent 50 nœuds et plus, la mer fume ! » Hasard ? Pressentiment ? Une fois n'est pas coutume, je laisse allumée la petite lampe fixée au-dessus de la table à cartes et décide de m'allonger sous le vent sur la couchette bâbord. Mon duvet est humide et mon matelas aussi accueillant qu'un banc de jardin sous la pluie.

Arrive la catastrophe. Le chavirage tant redouté et mon réveil pour le moins mouvementé. Premier bilan : la partie aérienne de mon régulateur a souffert, mais celui-ci fonctionne toujours et pilote mon embarcation blessée qui zigzague désormais entre deux murs d'eau en furie. Oui, les haubans se sont détendus sous l'impact et le mât a bel et bien été endommagé au niveau de l'ancrage bâbord du hauban. Pour le soulager et éventuellement le préserver, je n'ai pas le choix : je dois installer le bateau dans le lit du vent, cap au nord, en contradiction avec la route que j'observais jusque-là. Je me maudis ! J'aurais dû anticiper davantage alors que j'avais une belle avance sur le reste de la flotte et ne pas rester si longtemps parallèle aux vagues. Quel imbécile ! Maintenant c'est foutu, je vais devoir a-ban-don-ner.

Fait aggravant, la dépression qui vient de me laminer n'est pas décidée à me lâcher. Je n'ai pas d'échappatoire. Je sais que le règlement m'interdit de téléphoner – au risque de mise hors course immédiate[1] – mais je ne peux m'empêcher de saisir mon téléphone par satellite pour rassurer ma compagne. Elle est en réunion mais, miracle de la technologie, prend la communication sur son portable. Je le sais :

1. Toute communication extérieure est considérée comme une « assistance ». Compte tenu du contexte, l'organisation n'infligera à VDH qu'une pénalité de dix-huit heures (voir page 201).

je suis dans l'« illégalité » mais je ne veux surtout pas qu'Odile apprenne ma détresse et mes ennuis par un tiers, un membre de l'organisation ou, pire encore, par les réseaux sociaux.

Je lui raconte brièvement que je me déroute vers Puerto Montt au Chili, et lui demande de contacter le concessionnaire Beneteau sur place, afin que celui-ci organise au mieux mon arrivée et… mon abandon. Poursuivre ma route après réparation ? Concourir pour un classement annexe baptisé « Chichester » et ouvert aux éclopés de la compétition ? Je n'ai pas envisagé cette solution une seconde. Débutant, à la faveur de ma première expérience, peut-être serais-je reparti du Chili, mais là, impossible, j'aurais l'impression de défaillir, de perdre mon temps. C'est mon sixième et dernier tour du monde en course, et seul arriver sans escale m'intéresse.

Dépité, je m'assois à la table à cartes, ouvre mon cahier et en lettres capitales, au stylo bleu, je note : « CHAVIRAGE ! VOILÀ, LA PROMENADE EST FINIE ! » Je ne tiens plus l'estime, ne calcule plus ma route, ne reporte plus aucun point sur ma carte détrempée. Le temps s'est arrêté. À quoi bon ! Je ne me considère plus partie prenante et me sens hors contexte. J'envisage même de vendre mon bateau sur place, de prendre l'avion pour rentrer au plus vite et passer Noël en famille… Je cogite néanmoins. Me faire envoyer un nouveau mât depuis la France ?

Poursuivre mon aventure hors course ? J'avoue ne plus trop savoir. En marge de la tempête, mon esprit bouillonne. Certes mon mât est blessé, mais ma marge de sécurité est encore confortable.

Bientôt, le vent bascule au nord-ouest et la mer se calme petit à petit. La situation n'est pas idéale, mais elle me permet d'envisager quelques travaux. Je prépare mes outils et me sangle d'un baudrier, un harnais utilisé habituellement par les alpinistes ou les spéléologues. Je n'ai plus vingt ans ! Grimper au mât est toujours périlleux en mer, sans parler de la descente. Imaginez la situation : une mer encore formée, une houle de trois mètres voire plus, un « vieux » bonhomme qui s'échine à escalader à la force du poignet un poteau télégraphique haut de plus de dix mètres. J'ai connu des situations plus tranquilles !

J'ai rapidement la confirmation que le hauban bâbord a découpé le tube tel un ouvre-boîte. La contre-latte est arrachée. Mon mât est en piteux état. Foutu pour foutu, je vais tenter de le préserver en installant un lashing, une sorte de ligature de fortune. Je remonte une seconde fois le lendemain. Une opération qui nécessite plus de deux heures d'efforts intenses, avec crampes et ecchymoses garanties en bonus ! Je suis lessivé. Je réfléchis à la solution la plus ingénieuse ou en tout cas la plus efficace possible. Il me faut un bout très résistant de quelques millimètres de diamètre. J'ai alors l'idée d'utiliser celui de mon loch, l'hélice que je traîne derrière mon bateau, et qui m'indique la distance parcourue. Pendant quatre jours, je vais renforcer mon mât et retendre tous les haubans, passant des heures à me contorsionner, accroché à une perche qui n'en finit pas de jouer les essuie-glaces.

Ce cratère de six centimètres au niveau du hauban me bouffe la vie. Mais, après tout, si je parvenais à sécuriser suffisamment le mât, je pourrais peut-être passer le cap Horn et essayer par la même occasion de me rapprocher un tant soit peu de la France. Et si malgré ma réparation tout s'écroulait, je pourrais toujours installer le gréement de fortune obligatoire pour rejoindre un abri. C'est décidé : je con-ti-nue !

Je ne sais pas vraiment où je suis, car cela fait six jours que je n'ai pas sorti mon sextant[1]. Mais cela ne me perturbe aucunement, car là où je suis, au milieu du Pacifique, j'ai de l'eau à courir, il n'y a pas une île, pas un caillou. Je consigne dans mon journal de bord : « Réparation terminée. Crevé. Pas de position, plus de loch. Remis en route à presque 6 nœuds. Super ! » Là, je dors deux fois

1. Instrument de navigation pour mesurer la distance aux astres et se positionner.

quatre heures non-stop. Je fais enfin un point mais me plante tel un stagiaire débutant en navigation astronomique. J'écris : « Pas fortiche le prof de maths ! Je referai une méridienne demain… s'il y a du soleil. » Je gribouille quand même un petit smiley – un Jean-Luc tout sourire. Une nouvelle dépression tout aussi virulente est attendue dans vingt-quatre heures. Décidément, le Pacifique porte bien mal son nom. Vivement le cap Horn !

2

Enfance en solitaire

Au sortir de la guerre, Amiens ressemble au mieux à un champ de ruines, au pire à un décor de catastrophe. Les bombardements, allemands en début de conflit, alliés en prélude de la Libération, ont passablement chamboulé le bel ordonnancement de cette paisible ville de province. C'est là, au milieu d'une accumulation de maisons chancelantes et de terrains vagues, que je suis né, le 8 juin 1945, un mois jour pour jour après la capitulation de l'Allemagne nazie.

Françoise, ma sœur aînée, est arrivée un an plus tôt et Dominique, ma seconde sœur, trois ans plus tard. Philippe, le petit dernier, aura huit ans d'écart avec moi. Nous étions des « enfants de la guerre » selon l'expression consacrée, qui n'apprendrions qu'*a posteriori* à quel point la « petite Venise du

Nord », selon Louis XV, a souffert tout au long du second conflit mondial. Privations, occupation, répression : Amiens a tout connu pendant ces années sombres, pas une période idéale pour envisager un avenir et rêver à des jours meilleurs. Derrière Pierre Dufau et Auguste Perret, les célèbres architectes désignés pour remettre un peu d'ordre dans ce chaos infini, il a fallu rebâtir, trouver des solutions, faire preuve d'imagination.

Ma vie commence au ralenti. J'ai beau être un bébé costaud et peser 4,2 kilos à la naissance, dès les premières heures je ne prends pas de poids, bien au contraire, j'en perds et régurgite tout ce que j'avale. Je suis allergique au lait. Celui de ma mère Jacqueline y compris ? Je ne le saurai pas, allez savoir pourquoi, le sujet restera à jamais tabou. Combien de fois ai-je entendu mes parents marteler : « Ce n'est pas la peine d'insister et de remuer ces histoires-là, tout ça n'a aucun intérêt ! » J'en ai pris mon parti, sans plus d'envie de comprendre.

Ma mère était une fille unique, très parisienne, belle et distinguée, toujours bien mise et bien habillée, à l'éducation sans faille. Situation assez exceptionnelle pour l'époque, elle était licenciée en français, latin et grec. Faite pour enseigner, elle n'échappera d'ailleurs pas à ce destin. Très tôt, elle est tombée amoureuse d'un « saltimbanque » qu'elle a épousé contre l'avis de ses parents qui auraient préféré de loin la voir s'unir à un notable, médecin ou avocat. La situation entraîna longtemps de vives tensions, en particulier entre Jacqueline et son père.

Le « saltimbanque », mon père, s'appelle Roger. Il est beau gosse, affable, aimable et un peu bohème. Il est musicien, a suivi une formation d'électricité à l'école Boulle, mais pour l'heure gagne essentiellement sa vie en jouant du piano dans les bars et les cabarets. Il a découvert le jazz, importé il y a peu par les libérateurs américains, et se réjouit de cette trouvaille qui lui permet de donner libre cours à son goût pour la fête et l'improvisation. Pendant le conflit, il aurait dû souscrire comme beaucoup des copains de sa classe d'âge au Service du travail obligatoire (STO) et partir pour l'Allemagne avec la bénédiction du régime de Vichy. Mais il est parvenu, je ne sais trop comment, à se « planquer », passant sans cesse entre les gouttes sans être requis ni mobilisé. Pour ce que j'en sais, il a joué un rôle actif dans la Résistance, ce qui lui a valu, sur le tard, la remise d'une médaille, aux Sables-d'Olonne.

Ma mère soupçonne son père d'avoir tenté de dénoncer son mari, mais de ce sombre épisode non plus, je ne suis pas certain. Cela fait encore partie des secrets de famille non élucidés. Quelques semaines après ma naissance, mon père est enrôlé pour une série de prestations du côté de Lille. Le temps de son absence… j'étais placé. Sans l'informer dans un premier temps – faute de moyen de contact –, ma mère avait décidé de me confier à ses parents installés à la campagne, à Chaulnes, une bourgade d'environ mille habitants située dans la Somme à une quarantaine de kilomètres d'Amiens. La raison ? Mon état de santé.

Je suis de plus en plus maigre, il est urgent de me requinquer. Les pâturages alentour ne peuvent être que favorables à ma remise en forme. L'avis du médecin de famille, très alarmiste, a sans doute beaucoup pesé sur cette décision de m'écarter de mes géniteurs au profit de mes grands-parents. Il a aussi sans doute déculpabilisé ma mère de m'« abandonner » en quelque sorte. Le mot n'est pas trop fort. Lorsque Jeanne, ma grand-mère, me récupère chez elle, je ne pèse plus que 2,7 kilos. Je suis si léger qu'en saisissant mon couffin elle émet toujours un doute quant à ma présence à l'intérieur…

Dans un premier temps, mes grands-parents ne purent me faire avaler rien d'autre que de l'eau sucrée. Mon allergie au lait était bien réelle – la preuve : soixante-quatorze ans plus tard, je n'en bois toujours pas. Il a fallu trouver des substituts, s'armer de patience. Au bout de cinq semaines, je franchis un cap (mon premier !) en recouvrant un semblant d'appétit. On dit de moi que je suis un survivant. Et plus encore… Aujourd'hui, des psychiatres pourraient penser aussi que j'ai pu servir d'« offrande », afin que ma mère soit pardonnée par son père en quelque sorte d'avoir épousé un homme ne correspondant pas aux critères de sa propre famille.

Mes deux sœurs, elles aussi, ont connu un parcours chaotique. L'aînée, Françoise, a été priée de quitter très tôt le domicile familial afin de gagner sa vie et Dominique s'est émancipée alors qu'elle était encore mineure. Installée près de Barcelone, gérante d'une discothèque avec son fiancé de l'époque, elle a repris ses études à 23 ans et suivi courageusement un cursus de médecine dans la foulée. Dominique a fini psychiatre. Elle s'est toujours posé pas mal de questions et son point de vue mérite d'être entendu. Le mien est plus terre à terre. Comment faire le tri dans mes souvenirs ? Pourquoi interpréter ? Je ne fais que rapporter ce que l'on a bien voulu me confesser. Et pour tout dire, même avec le recul, même à l'occasion de l'exercice de mémoire auquel je me soumets aujourd'hui, je crois que je n'ai pas envie de savoir. Je m'en fiche complètement.

Ce dont je suis certain en revanche, c'est que j'ai été, pour mon grand-père, le fils qu'il avait toujours rêvé d'avoir. Arsène était un homme cultivé et bosseur, passionné de politique, radical-socialiste tendance pétainiste, selon les bons principes du

Maréchal dont il appréciait par-dessus tout la devise « Travail, famille, patrie » passée à la postérité pour le meilleur et pour le pire. Pour lui, l'Allemagne n'est pas un ennemi mais un modèle. Après son décès, j'ai retrouvé et récupéré des boîtes d'archives sans équivoque. Des dossiers soigneusement étiquetés et datés, des photos format 6 × 9 mais aussi des lettres, où il n'hésite pas à traiter son gendre – mon père – de « pauvre type ». D'évidence, il lui a voué, sa vie durant, un mépris total, mais fort heureusement il ne m'en a pas parlé. Je n'ai jamais senti chez lui ni rejet ni ostracisme, au contraire, il m'a prodigué beaucoup d'attention pour ne pas dire d'amour.

Son épouse était plus revêche, plus cassante, mais il faut dire que son existence n'était guère enviable. Je l'ai dit : l'époque n'était pas florissante, on manquait de tout. Hormis pour l'approvisionnement, ma grand-mère ne sortait guère de chez elle et passait son temps en tâches ménagères souvent ingrates. Mon grand-père la trompait à tout-va. Avec le recul, j'ai dû connaître quelques-unes de ses maîtresses ! La fin de vie de ma grand-mère ne fut pas réjouissante. Atteinte de la maladie de Parkinson, elle restait cloîtrée chez elle, soignée jusqu'au bout par son mari. À peine consommé son deuil, Arsène se remariera avec une femme bien plus jeune que lui, si jeune qu'elle mit au monde une fille qui naîtra en 1970, après ma propre fille Élisabeth !

Drôle de famille... Françoise, ma sœur aînée devenue infirmière, fut « confiée » elle aussi à Louise, notre grand-mère paternelle, avant d'être « rendue » une douzaine de mois plus tard. Son mari, notre grand-père Jules, d'origine flamande – d'où mon nom –, était le dernier d'une famille de onze enfants. Il était beaucoup plus âgé que Louise et est mort quand mon père avait 7 ans, des suites d'une chute d'une échelle. (Je ne l'ai jamais connu bien sûr.) Louise s'est retrouvée seule à gérer un commerce. Mes parents aussi ont pas mal galéré. Malgré ses diplômes, ma mère n'a pas trouvé de poste à sa mesure et mon père a eu bien du mal à multiplier les cachets. Sur notre livret de famille, il a fait noter « cultivateurs » en guise de profession. En effet, Jacqueline et Roger ont possédé un temps une champignonnière près d'Amiens. Ils survivent à défaut de prospérer, mais n'évoquent jamais ouvertement leurs difficultés, encore moins le choix qu'ils ont fait de « placer » leurs deux premiers enfants.

Je ne suis pas malheureux pour autant chez mes grands-parents. Loin de là. Je suis très aimé et un peu le centre de leur monde. Je grandis, reprends des forces. Ils m'ont « sauvé », veillent sur moi comme sur un service en porcelaine. Je ne dois surtout pas me fatiguer et suis donc exempté d'activités physiques à l'école. Même s'ils sont toujours fâchés avec mes parents, je me souviens qu'ils m'ont laissé vaguement leur rendre une première fois visite alors que je devais être âgé de 6 ou 7 ans. C'était à Paris, le temps d'un week-end, ce qui suppose que j'ai dormi chez eux.

Deux ans plus tôt, Arsène a été nommé receveur-percepteur à la 3e division du Trésor public. Il en impose. Toujours bien habillé, la moustache parfaitement taillée, c'est un séducteur. Ses subalternes filent doux mais apprécient son charisme. Compte tenu de ses nouvelles fonctions, il a quitté Chaulnes pour s'installer à Amiens, tout en haut de la rue Charles-Dubois. J'ai 5 ans. La maison de brique est austère mais confortable, et mon grand-père passe une partie des week-ends à la bricoler pour l'aménager et l'améliorer. Je suis seul la plupart du temps. Mes grands-parents ne reçoivent personne et vivent repliés sur eux-mêmes. Ils disposent d'un vaste salon-salle à manger, mais ne l'utilisent jamais. Les meubles sont recouverts en permanence de vieux draps jaunis et râpés. Il y a aussi un piano droit et poussiéreux dont personne ne joue.

Nous occupons la cuisine et l'arrière-cuisine. Une table collée au mur, trois chaises, une étagère pour mes affaires d'école, un aquarium où batifole mon poisson rouge, et c'est à peu près tout. Comme je fais souvent mes devoirs dans le bureau de mon grand-père aux impôts, à la maison je m'évade en dessinant des trains et des bateaux. Je ne brille pas spécialement à l'école. M. Petit, mon instituteur, est formel : « S'il arrive au certificat d'études, ce sera déjà beau ! »

Pour accéder à la chambre que je partage avec mes grands-parents – une cloison a été supprimée afin qu'ils puissent sans cesse surveiller mon état de santé –, je dois obligatoirement traverser le salon inoccupé qui sent le renfermé. Cette odeur entre vieille église et cave humide va me poursuivre durant des années. L'hiver est rigoureux dans la Somme, et le chauffage central à charbon fonctionne à plein. Quand je ne joue pas avec mon petit train, ma seconde passion après le dessin, je passe des heures à rêvasser, au fond de ce qui me semble être un grand jardin, sur un radeau constitué de quelques planches de bois, d'un manche à balai et d'un bout de drap. Et je navigue virtuellement. Aujourd'hui, je n'ai aucun doute : ma vocation pour le bateau est née dans ce coin de verdure et sur ce rafiot improvisé qui heureusement n'a jamais touché l'eau.

J'aurais pu avancer un autre signe du destin : le fait que Jules Verne en personne a vécu tout en bas de cette rue, à quelques centaines de mètres seulement de la maison de mes grands-parents. Il y est même mort, en mars 1905, quarante ans avant que je vienne au monde, mais même si cette proximité est étonnante, je n'en étais pas du tout conscient alors que j'étais adolescent. Plus que les épopées dorées sur tranche du génial écrivain, ce qui m'obsédait à l'époque, c'était l'envie de rompre avec la solitude dont je souffrais. Pas de visites, pas de copains. Je ne me plaignais pas vraiment, j'acceptais mon statut malgré moi, comme une obligation, comme une fatalité.

En dehors de l'école et des vacances, mes sorties sont rares. Devant mon insistance, je suis autorisé à assister tous les quinze jours au match à domicile de l'Amiens Sporting Club Football. Le club joue non loin de là au stade Moulonguet. En réalité, les matchs m'importent peu. Ce qui compte pour moi, c'est de jouer sur le terrain annexe, en cachette, en compagnie de quelques copains de classe. Comme je dois éviter de transpirer – un signe qui me dénoncerait face à mes grands-parents –, j'opte pour le poste de gardien de but. Ne portant pas encore ces genouillères épaisses en coton et feutre compressés et n'hésitant pas à plonger sur un terrain parfois gelé l'hiver, l'important est aussi de masquer d'éventuelles blessures. Il faut que mes grands-parents n'y voient que du feu. Et c'est le cas !

La découverte de la mer se fait parallèlement. Né à Berck-Ville, mon grand-père Arsène loue chaque été un tout petit appartement à Berck-Plage, la station balnéaire située à proximité. D'après lui, c'est le meilleur endroit du monde pour respirer le bon air. De fait, la ville accueille un grand nombre de sanatoriums. Sur la plage, il y a des bâches, ces retenues d'eau à marée basse qui invitent les enfants à barboter et construire des ports et des châteaux de sable. Le premier jouet dont j'ai le merveilleux souvenir est un petit voilier blanc en plastique doté d'un lest important, ce qui lui permet de bien tenir son cap. Je l'ai baptisé *Nayouk*. Je ne suis pas allé chercher très loin : c'était le nom inscrit sur la boîte. Je l'adore et passe des heures à le contempler évoluer au gré des risées. Il va pourtant achever sa carrière nautique de bien triste manière.

Les vacances sont finies et nous avons retrouvé la maison d'Amiens. Ma grand-mère Jeanne va chercher ses chaussons. Au moment où elle s'apprête à les enfiler, elle découvre une souris dans l'un d'eux, se met à hurler, m'attrape brutalement par la hanche et grimpe sur une chaise puis sur la table. Du coup, je lâche mon bateau dont la quille explose sur le carrelage. Héroïque, mon grand-père terrasse le rongeur d'un coup de balai mais ne peut rien pour mon bateau. Malgré mes tentatives de colmatage, il fait eau de toutes parts, il ne naviguera plus. Pour le remplacer, mon choix se porte sur un robuste bateau de pêche en bois de couleur rouge, que je ne cesserai de faire évoluer avec une quille et trois mâts à huniers, mais qui jamais n'atteindra les performances de *Nayouk*.

À Berck-Plage, des engins amphibies de la guerre viennent régulièrement se poser sur l'estran afin d'embarquer des vacanciers pour de brèves sorties en mer. Je suis fasciné par ce manège et reste planté des heures à les regarder partir et revenir. Mes parents, mes sœurs et mon frère ne nous rejoignent que très rarement pendant les vacances, ma mère n'appréciant pas plus que ça le climat venté du Pas-de-Calais, et mon père étant mobilisé par le Tour de France cycliste qu'il couvre comme preneur de son pour la Radiodiffusion française. Qu'importe, je profite de chaque occasion. Je bricole une sorte de char à voile à partir d'une poussette, de quelques bouts de bois et d'un morceau de drap rafistolé. Étant trop lourd, je bombarde mon jeune frère Philippe pilote d'essai, ce qu'il n'apprécie qu'à demi. Ma mère qui suit mes expérimentations pas davantage.

Quelques années plus tard, mon grand-père m'offre le voyage en solitaire, en avion – un Viscount à hélices je crois –, pour Bordeaux, afin de retrouver pour la première fois ma vraie famille en vacances du côté d'Arcachon. J'ai à peine 10 ans et toutes les curiosités du monde chevillées au corps…

3

L'appel de la Golden Globe Race

Chez moi, c'est un rituel que j'exécute chaque matin au lever, comme quand je termine ma nuit entre veille et sommeil avant de remonter sur le pont prendre mon premier quart de barre. Assis sur un tabouret dans un coin de mon séjour que j'ai aménagé à l'égal d'une table à cartes de bateau, j'ouvre machinalement mon ordinateur portable. Cette routine ne m'abandonne jamais. En mer, je note ma position, le cap, la vitesse, la direction et la force du vent, la hauteur des vagues, le type de voilure utilisée. À terre, je vérifie mon programme du jour, relève mes e-mails et réponds aux plus urgents. Le visiteur qui débarque chez moi pour la première fois constate d'emblée l'absence de frontière entre ma maison et mon bateau. Mêmes objets, même ambiance, mêmes préoccupations.

Ici, je n'exhibe aucune médaille et n'expose aucune coupe. En revanche, une pléthore de cartes marines sous verre sont accrochées au mur. Par nostalgie ? Par fétichisme ? Sans doute un peu des deux. À moins que ce soit en lien avec les planisphères et autres cartes de France qui m'ont accompagné dans les salles de classe durant toute la période où j'étais enseignant.

À tout prendre, ce sont ces cartes du SHOM[1] ou de l'Amirauté, crayonnées et usées comme de vieux parchemins, qui sont un peu mes trophées. Sur l'une d'elles – les abords du cap Horn –, je me suis amusé à tracer au Bic quatre couleurs tous mes passages depuis plus de quarante ans, jour par jour, heure par heure. Plus qu'une coquetterie de collectionneur, ces trajectoires accumulées sont un parfait pense-bête, un moyen de me remémorer toutes les tempêtes, toutes les options, toutes les approches avant la délivrance bien réelle d'un piège que l'on n'a pas surnommé le « cap Dur » totalement par hasard. Quelques polaroids de mon unique débarquement sur l'île du Horn en compagnie de la famille du gardien de phare sont coincés dans la partie inférieure du cadre. Une pièce à conviction supplémentaire qui, sans doute, ajoute à mon côté

1. Service hydrographique et océanographique de la marine, auteur de cartes marines de référence.

prof. Chacun de mes visiteurs peut témoigner : les explications initiales virent très vite à la séance de tableau noir.

Sur une autre carte de l'Antarctique et de l'océan Austral vus du pôle Sud, j'ai porté toutes les routes de mes différents tours du monde. Il y a embouteillage ! Plus loin, j'ai aligné les trois maquettes de mes bateaux de course emblématiques – *36-15 Met*, *Sofap Helvim-Algimouss* et *Adrien* – aux côtés de différents tirages de photos d'icebergs prises lors de mon tout premier Vendée Globe. Vieilles de trente ans, elles rebiquent un peu et sont délavées par le temps. Chaque fois que je me retrouve nez à nez avec ces images hallucinantes, je pense aux risques que j'ai encourus à l'époque. Une pure folie ! Quant aux livres qui encombrent la bibliothèque, ce sont essentiellement des récits de circumnavigateurs ou leurs biographies. Certains m'ont été offerts, à l'image de celui de l'Américain Joshua Slocum[1] qui a été écrit par Victor, son propre fils.

J'ai eu vingt bateaux. Ils sont presque tous là, dans un pêle-mêle informel, en demi-coques, en miniatures, en photo, en bois, sagement alignés. Un peu oubliés, un peu usés, un peu abîmés, mais

1. Premier navigateur à avoir bouclé un tour du monde en solitaire entre 1895 et 1898, avec de nombreuses escales.

tout à fait raccords dans ce parfait décor maritime où les mouettes, portées par le vent du large, virent sur l'aile à une demi-longueur du balcon, menaçant parfois, sous l'effet d'une rafale, de s'écraser pour de bon contre mes baies vitrées.

Ce matin d'avril 2015, je ne déroge pas à mes habitudes : une moque de thé à proximité, je passe en revue mes e-mails, élimine mes spams, jette mes indésirables. Un message retient d'emblée mon attention, celui de Jean-Marie, un fidèle ami rencontré de manière aussi fortuite que cocasse il y a une douzaine d'années. À cette époque, je viens de renoncer à ma tentative de record autour du monde contre les vents dominants. Le mât d'*Adrien*, mon grand monocoque, s'est rompu alors que je naviguais au sud de l'Australie. Je lui ai trouvé un remplaçant, mais il est fait de bric et de broc à partir de morceaux de tubes à incendie récupérés en Tasmanie. L'ensemble est aléatoire, il va rouiller à plaisir, mais je n'ai pas le choix : c'est le seul moyen que j'ai trouvé pour ramener mon grand monocoque de 25,70 mètres en France. Je reçois alors un message d'un type que je ne connais ni d'Ève ni d'Adam et qui vit à Angers. Il se nomme Jean-Marie Patier, est directeur d'un lycée privé et prof d'économie, plaisancier à ses heures comme il y en a tant.

Sans aucune expérience du large ni donc des mers du Sud, il est le premier à me proposer de me rejoindre à Hobart où je suis stationné et de m'accompagner pour le convoyage retour. La démarche m'intrigue, me séduit. Jean-Marie saute dans le premier avion en partance pour l'Australie. Mes proches me mettent en garde. À leurs yeux, embarquer un illustre inconnu dont personne n'a jamais entendu parler dans le milieu est juste insensé. À les écouter, je vais devoir en plus de mes pépins techniques gérer un « boulet » totalement inexpérimenté. Certains me prédisent même le pire : une bagarre au milieu de l'océan, moi passé par-dessus bord et lui prenant possession du bateau. Je ne fais pas machine arrière pour autant. On verra bien.

Dès notre première rencontre, le courant passe. Peut-être nos parcours communs d'enseignants nous rapprochent-ils naturellement ? Même si le mauvais temps est de la partie, même si Jean-Marie découvre les cinquantièmes, même s'il se fait peur, il assure en toutes circonstances. Il a confiance en moi, c'est un bon compagnon. Après soixante-dix-sept jours de mer, nous sommes les meilleurs amis du monde.

Un an après, aux Sables-d'Olonne, je lui présente Catherine Chabaud à qui j'ai loué quelques années plus tôt mon « cigare rouge » avec lequel elle est devenue la première femme à achever un tour du monde en solitaire et en course lors du Vendée Globe 1996-1997. Quelques mois plus tard, les deux tourtereaux feront cause commune, s'uniront pour de bon, accueilleront un fils prénommé Côme dont je suis le parrain. Ouvrir une agence matrimoniale : une fraction de seconde, l'idée m'a caressé l'esprit !

Plus sérieusement, ce fameux jour d'avril 2015, Jean-Marie me rapporte une information glanée sur un site anglais : l'ambition de mon copain australien Don McIntyre, grâce à qui j'avais construit ce mât provisoire et que je connais depuis le BOC 1986, de lancer un remake du Golden Globe Challenge, course autour du monde en solitaire, parrainée par le *Sunday Times* en 1968-1969. La première course autour du monde en solitaire sans escale. Un défi jamais imaginé. Neuf candidats au départ, un seul à l'arrivée (Robin Knox-Johnston), une désertion (Bernard Moitessier), un suicide pendant la course (Donald Crowhurst), un suicide après (Nigel Tetley). Le mythe, la légende, l'un des plus hauts faits de l'histoire de la navigation de compétition ! Le mail de Jean-Marie est succinct et laconique, mais s'achève par un petit coup de massue : « Cette course est pour toi ! »

Je suis sonné. À l'époque, j'ai bien sûr suivi cet invraisemblable tour du monde et lu, depuis, tous les bouquins parus sur le sujet. Je n'ai loupé aucun film, aucun reportage, en particulier ce bouleversant documentaire de la BBC où Crowhurst se filmait et s'accusait d'avoir menti sur ses positions. Et si Jean-Marie avait raison ? Je ne suis pas du genre à m'emballer facilement, mais conviens de cette opportunité, d'autant que les organisateurs précisent que les candidats à l'aventure devront naviguer dans les mêmes conditions, sans GPS, ni électronique, ni ordinateur, ni pilote électrique. Je n'ai pas de projets très définis à court ou moyen terme, j'ai la chance de n'être soumis à aucune contrainte ; pas de doute, la proposition mérite d'être étudiée dans le détail.

Un sixième tour du monde en solitaire et « à l'ancienne » m'enthousiasme, mais je n'en suis pas encore là, tant s'en faut. Un, j'ai 70 ans. Deux, je n'ai pas de bateau. Et trois, la plaisanterie, compte tenu du potentiel des voiliers, va quand même s'éterniser pendant près de huit mois… Un temps de réflexion s'impose. Mon optimisme de façade est trompeur. Je suis en réalité très pragmatique, qui plus est bourré de doutes. Depuis toujours, j'ai besoin de peser le pour et le contre, de digérer, de mettre mes émotions au second plan.

Les jours qui suivent, pas mal d'images et de souvenirs me reviennent à l'esprit. 1968. J'ai 23 ans, suis étudiant. Cette circumnavigation passe un peu inaperçue mais, dans le milieu, tout le monde – et moi y compris – est abasourdi par l'esprit pionnier de l'entreprise. Jamais aucun marin n'avait osé une course en solitaire autour du monde sans escale. Pas de doute : ces neuf aventuriers partent dans l'inconnu le plus total. Ils ont le choix de s'élancer puis de revenir de n'importe quel port à condition qu'il se situe au nord du 45e parallèle et n'ont qu'une période de cinq mois entre juin et octobre. Je m'identifie forcément à Loïck Fougeron, avec qui je vais sympathiser et rester en contact à Lorient bien des années plus tard, et aussi à Bernard Moitessier, l'autre Français engagé dans la course à la barre de son impressionnant *Joshua*. Les revues nautiques *Bateaux* et *Les Cahiers du yachting* mis à part, la presse française ne parle guère de ce tour du monde. Je passe des heures à disséquer le moindre article, la plus petite information et plus encore les dessins des neufs voiliers en course.

J'épluche les CV de tous les concurrents, découvre que pas mal n'ont quasiment jamais navigué, que la presse britannique se moque gentiment de Robin Knox-Johnston, considérant que ce jeune officier de marine n'a aucune chance sur son vieux bateau pourri. J'ai déjà lu « tout » Moitessier. J'ai suivi sa progression au fil des messages qu'il expédiait soit avec de petits bateaux qu'il lançait au fil de l'eau, soit à l'aide d'un lance-pierre quand il croisait un cargo. Une de ces « bouteilles à la mer » fera même la une de *Paris Match*. Un ami m'avait d'ailleurs offert ce numéro collector, rangé en bonne place dans ma grande bibliothèque. J'adore sa philosophie, cette authenticité et ce côté homme libre qui le caractérisent si fort. Une phrase de lui – « Je suis citoyen du plus beau pays du monde » – m'a marqué pour toujours.

Après avoir franchi le cap Horn, il semblait promis à un triomphe attendu si son robuste ketch rouge avait bien voulu le ramener en Angleterre. Mais il décida de bouder le succès et de poursuivre son périple au-delà du cap de Bonne-Espérance, jusqu'au cœur du Pacifique, jusqu'à Tahiti parce que, écrit-il, il souhaitait « sauver son âme » et rompre une fois pour toutes avec la société mercantile qu'il avait quittée. Dans le sillage des événements de Mai 68, sa décision prenait des allures de symbole. Le formidable livre *La Longue Route* qu'il publia un an plus tard me marqua profondément.

J'éprouve aussi une infinie tendresse et un grand respect pour Robin Knox-Johnston. Non seulement il est le seul des neuf engagés au départ à avoir bouclé la boucle (en 313 jours à la barre d'un voilier riquiqui, taillé à l'herminette aux Indes), mais il était de surcroît virtuellement en tête de la course lorsque Moitessier a décidé de renoncer. Qui sait si, malgré un différentiel de vitesse important, il n'aurait pas conservé la tête jusqu'au bout sachant que les marins couraient aussi contre le chronomètre ?

C'est peu dire que cette course m'a emballé. Elle n'a pas décidé de ma vocation, mais son scénario à rebondissements m'a bel et bien influencé. Pour moi, la mer est devenue une promesse susceptible de satisfaire mes rêves et mes aspirations les plus déraisonnables.

4

Naissance d'une double vocation

Alors que l'état de santé de ma grand-mère se détériore, et après un premier trimestre de cinquième guère probant, mes parents décident de me reprendre avec eux. Je sais que mes protecteurs de toujours sont tristes, mais je leur promets de venir les voir régulièrement, à bicyclette s'il le faut : les cent trente kilomètres qui séparent Amiens de Neuilly-sur-Seine ne me font pas peur ! Je n'ai pas à me plaindre de mon nouveau point de chute : nous habitons un vaste appartement rue Devès, à proximité du Jardin d'acclimatation. J'intègre le lycée Pasteur, pas très éloigné lui non plus. Côté mathématiques et sciences, pas de problème : je me débrouille très bien. Avec d'autant plus d'entrain qu'en sixième j'étais amoureux de ma prof de maths ! Par contre, je ne brille guère dans les autres matières. Mes parents sont plutôt cool comme disent les jeunes aujourd'hui. Pas de contraintes particulières, pas d'effusions exagérées non plus. Deux années s'écoulent au rythme d'un calme et long fleuve tranquille…

Plus libre de mes mouvements qu'à Amiens, je sors à ma guise, au risque de traîner parfois avec des garçons peu recommandables. Mes résultats s'en ressentent, d'autant que je ne fais des efforts que dans les domaines qui me plaisent. Non contents d'être turbulents, nous sommes inconséquents. Mes parents désespèrent souvent. Notre professeur de français s'appelle M. Abramovitch. Nous le surnommons « Abraham ». Ce n'est pas très malin, mais c'est de notre âge. Un jour, nous ne trouvons rien de plus intelligent que de « décheviller » les bureaux et bancs de la classe. Évidemment, tout tangue, tout brinquebale, et la classe dans son ensemble de se balancer en chantant « Maman, les petits bateaux ». Tout le monde était de mèche mais « Abraham » ne reconnaît qu'un coupable et, bien sûr, c'est sur moi que sa vindicte se concentre. La plaisanterie n'a que trop duré : elle se termine chez le principal avec des sanctions d'autant plus saumâtres que ma mère, elle-même enseignante, travaille dans le même lycée. Mes bons résultats en maths ne suffisent plus, je suis renvoyé peu de temps après.

Je vis mal la situation. Sans doute n'étais-je pas blanc-bleu dans cette histoire, mais mon statut de « fils de prof » d'évidence ne m'a pas aidé. J'ai retenu la leçon : devenu enseignant à mon tour, j'ai toujours tenu mes enfants éloignés des établissements dans lesquels je travaillais. Mon père encaisse tant bien que mal et se met en quête d'une nouvelle inscription en troisième. Compte tenu de mes bulletins, la mission se révèle difficile. À défaut de point de chute prestigieux, j'atterris dans un collège privé à Froyennes, en Belgique, situé à deux pas de la frontière et à une quinzaine de kilomètres de Roubaix. Ce bahut jouit d'une réputation sans équivoque : l'ambiance est réglementée et la discipline sévère. Il paraît que quelques « tours de vis » ne me feront pas de mal.

En découvrant les bâtiments austères cernés par quatre murs d'enceinte impressionnants, la chapelle plantée au milieu, j'ai le sentiment d'intégrer une prison. D'emblée et sachant mon inclination pour les maths, le directeur me fait passer un petit examen. Peine perdue : je multiplie les fautes comme à plaisir. En fin de journée son constat est limpide : « Jeune homme, vous n'avez manifestement pas envie de venir ici. » Il a tout compris ! Heureusement pour moi, il connaît un internat privé à Livarot dans le pays d'Auge qui pourrait me convenir, et conseille à mon père de tenter cette alternative.

Saint-Joseph prépare les élèves au CAP (Certificat d'aptitude professionnelle) et au BEPC (Brevet d'études du premier cycle du second degré). Je ne suis pas fou de joie, loin de là, mais l'ambiance ne m'indispose pas non plus. Le directeur, M. Grasset, qui enseigne aussi le français, est un personnage haut en couleur, mal fagoté, mal attifé, inélégant et postillonnant à souhait, très éloigné des canons habituels du directeur d'établissement, mais très sympathique. À un âge où l'on est en quête de modèles et de directions à suivre, son anticonformisme n'est pas pour me déplaire.

Je n'avais aucune certitude quant à mon avenir. Je me suis même imaginé un temps curé ou missionnaire. Un temps seulement. Avant Livarot, si j'assistais à la messe régulièrement, c'était moins par conviction que par obligation. À l'époque, il convenait de faire signer à l'issue de chaque office un bulletin recensant ses « engagements devant Dieu ». Je sacrifiais à l'exercice, mais sans assister à la messe dans son entier. Je venais au début pour me faire voir et à la fin pour prouver ma présence. Je n'étais pas croyant mais pratiquant par la force des circonstances. Dans ce pensionnat bienveillant, je reprenais goût aux études et redevenais bon élève. On me confia même mes premières responsabilités. Un revirement total, une opportunité inespérée.

La fin de l'année approche. Le surveillant des sixièmes et des cinquièmes n'est pas à la hauteur de sa tâche et qui plus est souvent absent. Malmené par une bande de gamins déguisés en fantômes au moment du carnaval, il accuse le coup et décide de lever les pouces. La place est libre. Que l'on me propose à défaut d'autre solution. Aux yeux des plus jeunes qui ont deux ou trois ans de moins que moi seulement, je suis « VDH » ou « Vu D'en Haut » rapport à ma taille nettement supérieure à la leur. Mes années « chétif » ne sont qu'un lointain souvenir. J'ai 15 ans, mesure 1,87 mètre et, paradoxe, suis élève comme eux. J'en impose et me sens très à l'aise dans mes nouvelles attributions.

Avantage non négligeable, mon nouveau statut m'offre un certain nombre de privilèges, dont une chambre, certes aussi confortable qu'une cellule de moine mais plus isolée que le dortoir commun. Surtout, je me sens vraiment bien en compagnie de mes « administrés ». Je profite sans doute d'une autorité naturelle – ne suis-je pas le gardien de but titulaire de l'équipe sénior locale ? – mais, plus important, une relation de confiance s'installe naturellement entre nous. Encore un peu et le pion deviendrait populaire… Seul bémol : je dois à nouveau changer d'école, Saint-Joseph n'assurant les cours que jusqu'à la fin de la troisième.

Pendant mon temps libre, je lis beaucoup, des récits d'aventures et de mer en particulier. C'est à cette époque que je découvre les ouvrages d'Alain Gerbault, Joshua Slocum, Vito Dumas,

Jacques-Yves Le Toumelin, ou Marcel Bardiaux – mais également ceux d'Alain Bombard qui venait s'approvisionner en fromage à la crèmerie où travaillait ma grand-mère paternelle. J'ai tellement lu et relu *Les Navigateurs solitaires* de Jean Merrien (alias René de La Poix de Fréminville, nationaliste breton convaincu) que je pourrais le réciter par cœur. Ce cadeau de Noël-là, je ne suis pas près de l'oublier !

Je commence véritablement la voile sur de petites embarcations légères – Simoun, Vaurien et Flibustier –, les dériveurs d'initiation du moment. Mon port d'attache ? Villers-sur-Mer, entre Houlgate et Deauville, où nous passons désormais nos vacances et louons un petit logement saisonnier. Cette destination n'a pas été choisie au hasard : ingénieur du son, mon père travaille désormais pour Europe numéro 1. Chaque été, il est affecté à l'hippodrome de Deauville avec Ben, le célèbre chroniqueur maison, l'incontournable spécialiste des pronostics hippiques.

Régulièrement, ma mère me fait bosser mon anglais. Un exercice qui me coûte mais qui m'importe aussi : je n'ai le droit de sortir qu'une fois achevée ma page de mots et mes exercices de grammaire, le tout couronné d'un contrôle quotidien. Compte tenu des promesses que recouvrent cette « carotte », mes progrès sont on ne peut plus probants.

Le reste du programme est invariable : la séance de bachotage terminée, je saute sur mon vélo et file à Deauville, à sept ou huit kilomètres de là, où je passe l'après-midi entière sur le quai. Là, je regarde le ballet des bateaux qui entrent et sortent du port, aide les plaisanciers à s'amarrer, à décharger, à repartir. Je divague, m'évade et sens monter en moi l'invitation à partager ce genre d'exercices et, plus inaccessible encore, celle de gagner le large. J'aime plus que tout contempler les nuages qui viennent de l'ouest et les risées qui tournoient au-dessus du bassin. Je ferme les yeux, écoute les drisses qui claquent dans les mâts. De temps à autre, ma patience est récompensée. On me propose d'embarquer comme « petite main ».

Durant quatre ans, chaque été, un rituel s'installe où je concilie devoirs de vacances et petits boulots. Toujours ce besoin de débrouille et d'autonomie. Je travaille même pour un photographe local, effectue quelques corvées de mariage ou de baptême, ou, plus motivant encore, un reportage sur l'élection de Miss Villers-sur-Mer. Chaque jour, avec ma mobylette, je fais la tournée des campings afin de récupérer les pellicules et distribuer les tirages photo...

Plus le temps passe et plus je me mets à imaginer un métier en relation avec le monde de la mer. Avec mon copain Pierre Bonnefoy, nous passons des heures à parler bateau, à nous raconter des histoires de navigations lointaines. L'idée fait son chemin. J'en touche deux mots à mes parents, qui me suggèrent de passer des tests. L'examinatrice me fait bon accueil et s'inquiète de mes aspirations pour la marine marchande. Elle rechigne, me parle d'un secteur bouché. À défaut de m'imaginer sur la passerelle d'un cargo, casquette brodée et épaulettes dorées, je me vois tout simplement prof. Ma mère fait tout pour m'en dissuader. En attendant, il faut reprendre le fil de mes études. Me voilà en seconde à l'Institution Frémont de Lisieux dans le Calvados. Je n'ai pas abandonné mon costume d'éducateur : tour à tour j'encadre les promenades, surveille les études et assume d'autres responsabilités avec plaisir. Je suis bien considéré et trouve une réelle satisfaction à m'impliquer toujours davantage. Le début d'une vocation ? J'ai envie de faire un métier utile, et celui de prof me semble correspondre à cette intention. Pourquoi pas prof de gym ? Après tout, je fais pas mal de sport.

Je n'ai pas le temps d'émettre ce souhait que je tombe malade, assez gravement. Un problème lié à mon alimentation et à ma digestion. À la suite de ce passage à vide, je loupe mon premier bac et suis contraint de redoubler. Pour me requinquer, je quitte la pension, retrouve le domicile familial à Neuilly et suis admis en première à l'Institution

Saint-Sulpice, rue d'Assas dans le sixième arrondissement de Paris. Avec 19,5/20 en maths au premier bac, je m'offre une belle petite revanche. Mes parents ne s'y sont pas trompés qui, pour la peine, m'offrent un stage aux Glénans, la référence absolue en matière d'apprentissage de la voile.

En Cornouaille, je découvre le paradis sauvage de l'île de Drénec où est installée la plus célèbre école de voile de France fondée par Philippe Viannay, dans l'immédiate après-guerre. Dans l'instant, j'apprécie l'esprit communautaire qui y règne, la sobriété du lieu, les premiers bords en Caravelle. Je me sens en parfaite harmonie avec les lieux, les activités et les moniteurs quels qu'ils soient. La greffe prend si bien que je tanne mes parents pour enchaîner avec un second stage, itinérant cette fois, sur un voilier habitable de croisière, un Mousquetaire, petit voilier en contreplaqué de 6,48 mètres. Le cabotage entre les îles de Groix et Tudy, les mouillages sauvages à Port-Manech ou au Bélon sont de purs bonheurs. Assidu et plus motivé que jamais, je décroche même une bourse pour un troisième stage – afin de devenir moniteur cette fois – à Penfret lors des vacances de Pâques suivantes.

Avant de retourner en classe, je prends une grande décision : si je n'obtiens pas mon second bac – il se passe alors sur deux années –, je ne redoublerai pas mais intégrerai l'École de maistrance à Toulon qui forme les sous-officiers de la Marine nationale. Le meilleur palliatif, me semble-t-il, pour voyager autour du monde et assouvir un rêve enfoui en moi depuis toujours. Malgré les réticences parentales, je fanfaronne, sachant que je serai forcément pris, puisqu'à cette époque il suffit d'avoir le premier bac et un niveau de terminale. L'issue de secours tombe sous le sens. Sauf que je réussis mon bac au rattrapage et que je m'éloigne de la maistrance par la même occasion. Ironie de l'histoire, bien des années plus tard, mon fils Éric lui-même, au lieu de passer son examen de BTS, m'annonce son souhait de rejoindre… l'École de maistrance ! Je rigole et lui raconte mon histoire en tous points semblable à la sienne, sauf que lui y entre vraiment et va se retrouver à faire de la voile sur la goélette *L'Étoile* puis le tour du monde sur la *Jeanne-d'Arc*, avant de devenir chef de quart sur le porte-avions *Charles-de-Gaulle*.

Moi, c'est décidé, je veux enseigner. Mes parents ne l'acceptent que si j'intègre une formation permettant d'être pris en charge sous condition de devoir ensuite un certain nombre d'années à l'État en guise de compensation. Effrayé de devoir quelque chose à quelqu'un, à l'État qui plus est, je refuse. Me voilà dans une chambre de bonne au-dessus de l'appartement de mes parents à Neuilly, multipliant les petits boulots pour assurer l'essentiel. Je me suis inscrit en fac de sciences à Jussieu, suis des cours du soir, mais peine à organiser mon emploi du temps. Surveillant de jour au cours Saint-Louis rue de Monceau, employé de nuit au tri postal à Neuilly, commis immobilier de surcroît, vendeur de magazines au porte-à-porte une heure par-ci par-là, je cumule les activités. Miracle de la conviction et de la persuasion : ma banque me consent un prêt me permettant, avec la caution de mon grand-père en prime, d'acheter un petit appartement rue de Torcy, dans le dix-huitième arrondissement de Paris, près du quartier populaire et bigarré de la Chapelle. Nous sommes en 1966. Je navigue pour l'instant surtout comme équipier chaque week-end, mais rêve d'avoir mon propre bateau.

5

À la recherche du mouton à cinq pattes

Je vais avoir 70 ans dans un mois, suis heureux de ma vie, pleine comme un œuf. Je régate le week-end entre copains sur mon Feeling 10.40 *Algimouss*, découvre de nouveaux paradis en croisière avec ma compagne Odile. Je me régale avec mon groupe de rock Globalement Vôtre, dispense des conférences un peu partout en France et en Europe. Il n'empêche, ce projet de tour du monde à l'ancienne me taraude. J'en ai même des insomnies. Je réfléchis encore une semaine pour la forme… mais c'est décidé, je veux participer à la Golden Globe Race.

J'ai déjà étudié les vingt bateaux susceptibles de répondre au cahier des charges très spécifique et très directif du règlement. Le contraire du progrès en marche, plutôt un sérieux retour en arrière.

Les voiliers homologués doivent faire moins de 10,90 mètres, être de série, et surtout posséder une quille longue agrémentée d'un safran fixé dans le prolongement. J'ai bien possédé *Altaïr*, un superbe bateau en bois de 10,70 mètres répondant à ce critère, mais c'était il y a si longtemps que je suis incapable de me souvenir comment il fallait le régler pour en tirer la quintessence.

De la vigie de mon appartement situé au dernier étage d'un immeuble avec vue imprenable sur le chenal des Sables-d'Olonne, le phare des Barges et la bouée cardinale Nouch Sud qui marque l'arrivée du Vendée Globe, j'oublie un temps le panorama et surfe des heures durant sur Internet à la recherche de la perle rare. J'élimine d'emblée les bateaux conçus entre 1950 et 1960, vraiment trop vieux, et ceux construits hors de l'Europe, redoutant de fastidieuses démarches administratives d'importation.

Je sais qu'il n'existe pas, mais je suis en quête du fameux « mouton à cinq pattes ». Un bateau qui ne soit pas trop lourd, mais dont le rapport de lest soit conséquent. Un bateau pas trop large, mais pas trop étroit non plus, moi qui, pourtant, ai toujours privilégié les « cigares lestés » – *Let's Go*, *Éclipse*, *36-15 Met*, *Sofap Helvim*… Le bon compromis semble le Rustler 36.

Me voilà à Falmouth, en Angleterre, frappant à la porte du chantier où les architectes Kim Holman et

Don Pye ont imposé ce modèle en 1980. Je déroule mon CV, explique que je veux faire un nouveau tour du monde en course – mon sixième ! – et souhaite uniquement acquérir une coque et ses aménagements, sachant que j'achèterai le reste (mât, gréement, voiles) auprès des fournisseurs que je fréquente depuis trente ans entre La Rochelle et Lorient. Le bateau complet est inaccessible (pas loin de 400 000 euros) mais, nu, il l'est tout autant. Comment dire ? C'est un flop ! Je suis à la fois vexé et amer. Alors, je passe mon chemin, avec l'idée de me rabattre sur un Rustler d'occasion. J'écume la côte sud de l'Angleterre – Falmouth, Plymouth, Portsmouth – et trouve finalement l'« oiseau rare » auprès d'un couple de retraités fort sympathiques et méticuleux. Leur croiseur qui date de 1990 se nomme *Mojito*, héritage de son premier propriétaire espagnol.

Je me rends compte dans l'instant qu'il a été bien entretenu. Les napperons sur les coussins, les vernis impeccables, les deux colonnes en bois sculpté au pied de la descente semblables à deux pieds de table très moches, les coffres propres et secs contenant une multitude de sacs, et même des sacs dans les sacs, témoignent de beaucoup de soin et d'attention. Je fais affaire pour 75 000 euros et ramène le bateau aux Sables en août. Un grutage hors de l'eau et une vérification d'ensemble s'imposent. Pas de mauvaise surprise, je peux débuter les entraînements.

J'apprivoise mon nouvel engin, noircis les carnets d'écolier, notant tout ce qu'il convient de modifier tout en respectant l'avis de course – un document aussi détaillé qu'indigeste de soixante-cinq pages. Dire que pour le premier Vendée Globe Challenge, le règlement tenait sur une simple feuille A4… Nous sommes certes invités à naviguer à l'ancienne, mais les consignes de sécurité sont draconiennes. À la mode anglo-saxonne ! Outre un radeau de survie homologué grand large, l'arsenal imposé à bord impressionne : un sondeur électronique, quatre balises de détresse, trois VHF[1], une BLU[2] pour communiquer entre concurrents et avec les radioamateurs, deux téléphones Iridium par satellite, mais uniquement destinés à joindre la direction de course en cas de problème, un système YB3 permettant d'envoyer une fois par jour notre position accompagnée d'un court message, et pour finir un récepteur AIS[3] permettant d'être averti de la présence d'un navire qui en est équipé (les navires de commerce en particulier). Cela fait

1. *Very High Frequency*. Radio fixe ou portable en liaison à courte distance avec la terre et les centres de sauvetage (Cross) sur le canal 16.

2. Radio en *bande latérale unique* permettant des liaisons longue distance terre-mer et mer-mer.

3. *Automatic Identification System*. Système permettant de repérer et de suivre tous les bateaux qui en sont équipés.

beaucoup de matériel de communication pour une course censée se disputer à l'ancienne.

Mon Rustler est lourd et lent, assez déplaisant à la barre. Il se vautre rapidement, dérape allègrement, nécessitant de réduire la toile dès 10 nœuds de vent (force 3). Bref, j'ai pas mal de pain sur la planche pour apprivoiser ce curieux voilier et surtout le rendre apte à affronter les basses latitudes. Première décision : j'embauche Olivier Morice qui a souvent bossé pour moi et tous les deux nous nous débarrassons du teck foisonnant sur le pont afin de gagner en légèreté, nous refixons les cadènes[1], vérifions chaque boulon, installons deux cloisons étanches à l'étrave et dans le poste avant, ménageant ainsi un espace où je pourrai stocker mes voiles.

Du matin au soir, dans une poussière de polyester omniprésente et un barouf d'enfer, nous poursuivons notre entreprise de « destruction massive ». Je tiens à rendre le coffre de cockpit étanche, installer un mât et un moteur neufs, reprendre tout l'accastillage de pont (winches, poulies, taquets, palans, bloqueurs) et adapter ce dernier à ma manière de naviguer comme je l'ai fait sur tous mes bateaux de course précédents…

1. Pièces en acier sur lesquelles sont fixés les haubans (câbles) tenant le mât.

Les centaines de milliers de visiteurs qui se pressent autour des pontons avant le départ du huitième Vendée Globe en novembre 2016 ne peuvent pas manquer mon Rustler, bien en vue dans la zone technique de Port Olona avec sa belle peinture bleu roi et blanc. Une curiosité comparée aux bêtes de course alignées à proximité. Une fois le départ donné, j'aurai toute latitude pour remettre mon voilier à l'eau et enchaîner pendant l'hiver les tests et les entraînements. J'ai vendu sans difficulté, ou plutôt bradé, le mât d'origine et les vieilles voiles à un jeune couple qui vit avec sa fille sur un bateau en acier, ce qui me rappelle ma jeunesse.

Plus tard, j'aurai la confirmation que le nouveau mât commandé à la taille maximale autorisée par le règlement est trop grand, non adapté à une telle circumnavigation.

Parallèlement, j'ai prévu d'installer d'abord un puis deux enrouleurs de génois et de trinquette[1]. Une première pour moi dans un tour du monde ouest-est sur un si petit bateau. Après tout, j'aurai 73 ans au moment du départ et il n'est peut-être pas indispensable de jouer exagérément les fiers-à-bras. J'essaye de gagner au maximum sur le poids dans les hauts, de limiter la traînée, de ne pas inutilement

1. Voiles d'avant (focs) de différentes surfaces.

surcharger mon bateau. C'est évidemment mon côté prof de maths, rationnel et cartésien !

Fort de mes expériences renouvelées autour de la planète, je sais pertinemment que la chasse au détail est une clef du succès. J'ai quasiment toujours préparé mes bateaux seul ou avec une toute petite équipe, et ce n'est pas aujourd'hui que je vais modifier mes habitudes. Derrière mon air débonnaire, je suis très exigeant avec mes fournisseurs, négociant sans arrêt les prix pour qu'ils soient calculés au plus juste. Ils me connaissent tous depuis longtemps, savent aussi que je n'ai aucune dette envers quiconque et que, lorsque je suis satisfait, je suis très fidèle.

Je passe régulièrement à la voilerie Tarot à qui je demande de couper et préparer neuf voiles. J'ai besoin de me rassurer, de vérifier qu'elles ne seront pas trop lourdes, car pour ce qui est de leur robustesse, je n'ai aucun doute. Surtout, je ne me vante pas auprès de mes futurs adversaires d'avoir commandé un nouveau mât plus court de 1,50 mètre. Même si je sais que dans le petit temps ce sera un handicap évident, je n'ai pas à argumenter plus que de raison pour convaincre Michel Audouin de chez Sparcraft de concevoir ce gréement ramassé. Après cinq tours du monde sur des engins autrement plus sportifs et techniques, mener un bateau de croisière de 36 pieds en solitaire ne m'inquiète pas plus que cela.

Le dernier hiver avant le départ, je « bouffe du mille » comme on dit dans le jargon. En gros, j'accumule les navigations mais jamais seul. Question de convivialité. Quand on met le cap sur l'Irlande, où l'on est à peu près sûr de rencontrer des vents forts, autant partager le temps avec Lionel Régnier, mon fidèle préparateur, ou avec deux ou trois copains toujours prêts à se retrousser les manches.

Je cherche bien sûr un sponsor, et vais le trouver grâce à un ami de longue date. Il y a quelques années, les dirigeants d'une mutuelle d'assurance ont pris contact avec moi : ils souhaitaient fêter le départ en retraite de l'un de leurs cadres particulièrement appréciés, André Geffard, passionné de voile. Accepterais-je de donner une conférence au musée de la Marine à Paris pour l'occasion et, pour compléter le cadeau, pourrait-il profiter d'une croisière avec sa femme sur mon Sun Odyssey 52-2 alors basé en Grèce ?

André Geffard est tellement emballé par l'expérience qu'il renchérit et repart, un an plus tard, pour une nouvelle semaine de croisière, toujours en ma compagnie. Nous sympathisons. Comme, malgré quelques promesses qui n'ont pas abouti, je n'ai toujours pas trouvé de partenaire pour la course à venir, je lui explique les tenants et aboutissants de cette compétition à l'ancienne et lui laisse un dossier, au cas où… Quelques mois plus tard, nous nous donnons rendez-vous au Salon nautique, porte de Versailles à Paris. Là, presque de manière anodine, il me lâche : « Ah, oui, au fait, Jean-Luc, j'ai parlé de ton projet à la Matmut. Ils sont d'accord ! »

Je savais qu'André avait quelques relations… Je découvre qu'il est vice-président de cette entreprise. Et lui d'ajouter : « Au fait, tu as un contrat type ? » Quelques semaines plus tard, je reçois une liasse à parapher et à signer, suivie des premiers virements bancaires. La chance est avec moi, une fois de plus, c'est le hasard et l'amitié qui ont été mes meilleurs alliés. Les voies classiques ne sont décidément pas pour moi.

6

De la fac à mon premier bateau

J'en rêve depuis mon second stage aux Glénans. J'aime beaucoup le Corsaire, joli petit croiseur transportable de 5,50 mètres en contreplaqué, dessiné en 1954 par l'architecte Jean-Jacques Herbulot pour la célèbre école de voile. Ce type est un génie. Il a notamment dessiné le Vaurien, la Caravelle, le Mousquetaire, le Cap Horn… autant de bateaux qui ont grandement contribué à éveiller ma passion. Et en plus, quel compétiteur ! Dire qu'il a disputé quatre fois les Jeux olympiques, terminant au pied du podium dans l'épreuve de Star, en 1932 à Los Angeles. Je vais m'offrir mon premier voilier habitable à 21 ans.

J'en déniche un d'occasion pas trop cher au Havre avec une remorque, sauf que… je n'ai pas de voiture, et prends le train à la gare Saint-Lazare à Paris pour le retrouver. Faute de mieux, je le mettrai chaque fois à l'eau en le poussant à la main sous la grue du club. Il s'appelle Gide, la contraction de Gi-nette et Dé-dé, ses précédents propriétaires. Dans les ports, le raccourci fait son effet : on me prend pour un intellectuel, admirateur du grand écrivain, ce qui ne manque pas de me faire sourire. Personnellement, plier ma haute carcasse dans un espace digne d'une tente canadienne deux places ne me pose pas de problème. Pas plus que les aménagements – deux couchettes, une pointe avant pour les rangements, pas de cuisine et un seau en guise de toilettes – pour le moins sommaires. Sur un aussi petit voilier, le mauvais temps vous cueille plus rapidement que sur un engin plus conséquent, mais cela ne me fait pas peur, bien au contraire. J'aime plus que tout faire des régates en Manche comme skipper de MON bateau. Je ferai même ma première course en solitaire à l'occasion de la Semaine de la baie de Seine.

J'embarque aussitôt dans l'aventure Nicole, ma compagne, rencontrée sur les bancs de la fac à Jussieu, prof de maths elle aussi, bientôt ma femme et la mère de mes deux enfants. J'ai été officiellement fiancé à deux reprises, mais l'expérience, à chaque fois, a tourné court. Là, c'est le coup de foudre. Par prudence, et pressé de fonder MA famille, je décide de sauter la case « fiançailles ». Nicole n'aime pas spécialement le bateau, mais comme beaucoup de femmes de marins, elle se résigne et suit le mouvement. À sa décharge, il convient d'admettre que le confort de ma « coque de noix » est très éloigné de celui d'un yacht.

Nicole et moi décidons de nous marier très vite, dès 1967, moins d'un an après notre première rencontre. Notre voyage de noces ne tarde pas, évidemment célébré à bord de notre Corsaire ! Nous profitons d'une escale à Courseulles-sur-Mer pour nous inscrire à la régate dominicale. La deuxième place décrochée suffit à notre bonheur. Je ne suis pas peu fier de mon équipière ! Nous nous faisons copieusement ballotter dans le fameux Raz Blanchard, ses tourbillons et ses violents courants. Nicole encaisse sans rien dire, c'est une sportive ! Et tous les deux, nous adorons les escales à Aurigny, Sercq, Jersey, et enfin Guernesey, où Victor Hugo aimait à se ressourcer. Au-delà de cette belle balade en commun, ce qui m'importe, c'est de fonder une famille aimante et soudée, sans doute parce que j'ai pas mal manqué dans ce domaine. Même si à l'inverse de Dominique, ma sœur cadette psychiatre, j'évite de revenir sempiternellement en arrière et de peser sans cesse le pourquoi du comment, j'éprouve inconsciemment le sentiment de devoir combler un vide dans ce domaine.

Arrive Mai 68. Je le concède : mon prochain week-end le long des côtes de la Manche me préoccupe davantage que les événements proprement dits. De plus, je dois impérativement passer un rattrapage en physique. C'est la chienlit, comme le faisait si bien remarquer le Général ! La fac de Jussieu dans le cinquième arrondissement a été évacuée l'avant-veille, et on ne peut y accéder. Quelques étudiants en grève font barrage. Les CRS ne sont pas loin. J'ai malgré tout repéré une faille dans la forteresse à proximité du Jardin des Plantes. Je parviens à me faufiler et retrouve, dans un fatras de gravats, de tracts et de détritus divers, la prof qui doit m'interroger. Elle est si étonnée de me voir que nous corrigeons ma copie de conserve avec l'excellent résultat que vous imaginez. J'en rigole encore.

Au préalable, j'ai bel et bien participé à quelques manifestations. Comment ne pas être séduit par le discours et l'énergie d'un Daniel Cohn-Bendit ? Mais je demeure pragmatique : mon salaire de pion m'est indispensable. Plus préoccupant : le frère de ma femme est gravement malade, sur le point de mourir. La plupart des infirmières étant en grève, nous nous relayons pour assurer la veille à l'hôpital – ma femme, la sienne, mon beau-père, ma belle-mère et moi. Comme j'ai stocké de l'essence avant que les stations ne soient plus approvisionnées, j'ai encore de quoi les accompagner les uns après les autres sur le porte-bagages de ma mobylette.

Paris est quasiment en état de guerre, sens dessus dessous, surtout dans le quartier où je suis censé travailler ! Je croise des gendarmes lourdement équipés à tout bout de champ et doit montrer patte blanche pour pénétrer au collège Saint-Sulpice dans le sixième arrondissement où je suis surveillant. Je dispense quelques cours de maths, mais en fin d'année ils sont régulièrement séchés. Pourtant, le bahut, comme disent les élèves, est en avance sur son temps. Il y a une télé dans chaque classe et toutes sont reliées à une régie centrale. Le choix de vidéos est large. Élève, pion, prof : la boucle est bouclée.

Je débute vraiment ma carrière de prof à Saint-Nicolas, rue de Vaugirard, un établissement privé d'enseignement technique situé à deux pas. Ici, on dispense des cours de maths-sciences pour de futurs électriciens, mécaniciens ou menuisiers, et cette diversité me plaît.

L'année suivante, je retourne à Saint-Sulpice et j'enseigne également à temps partiel au cours Morin. Je traverse le plus souvent Paris à mobylette et ne compte pas mes heures. La particularité de cette école ? Elle est fréquentée exclusivement par des filles. La directrice m'a averti : « Monsieur Van Den Heede, je vous préviens, il me faut quelqu'un à poigne, vous êtes le seul homme de l'établissement ! » Mes interventions sont limitées et placées en fin de journée. Un quart d'heure avant la fin du cours, ça bavarde, ça se maquille. Le remède est vite trouvé : comme pour un match de foot, dès que l'attention s'envole, je compte les « arrêts de jeu » que j'ajoute en fin de séance. La fois suivante, j'entends les mouches voler et le cours se termine pile à l'heure.

Pareils enfantillages m'amusent. Davantage en tout cas que mon service militaire à suivre. Bien sûr, j'ai demandé à servir dans les rangs de la Marine nationale. Autant espérer la lune : je suis versé au matériel à la caserne de Montluçon, où j'ai d'emblée le sentiment que je vais perdre mon temps. Ce cul-de-sac est déprimant, tout autant que mes camarades de jeu qui ignorent tout de la mer et limitent leur champ d'action à trois priorités : boire des bières, fumer des Gauloises « troupes » et attendre les « 72 », ces « perms » de trois jours sans lesquelles un troufion de base deviendrait fou.

J'y ai droit comme les autres. Et c'est lors de l'une de ces « perms » que, nous concevons, Nicole et moi, la petite Élisabeth ! À 24 ans, marié et futur père de famille, j'ai droit à un peu d'égard : me voilà comptable à l'École militaire, à deux pas de la tour Eiffel. J'ai désormais des horaires de bureau et rentre quasiment tous les soirs à la maison retrouver Nicole qui s'arrondit doucement. Mon travail de gratte-papier n'est ni excitant ni compliqué. Je suis seul, ma collègue – une civile – enchaînant les arrêts maladie. Le directeur de l'établissement où j'officiais auparavant a besoin d'un prof de maths et manifestement il a aussi des relations haut placées. Un matin, le colonel me convoque. « Van Den Heede, j'ai une demande un peu spéciale : votre ancienne école vous réclame trois demi-journées par semaine. Je n'ai rien contre à la condition que vous puissiez assurer votre mission ici... » Outre ma solde ridicule d'appelé du contingent, j'ai un petit salaire qui rentre. D'aucuns diraient, non sans raison, que je suis planqué.

Mon service militaire assumé, Nicole et moi n'aspirons qu'à une chose : quitter Paris pour nous rapprocher de la mer. Six mois seulement après la venue au monde d'Élisabeth, nous l'embarquons sur un Muscadet, petit voilier de 6,40 mètres en contreplaqué emprunté à un ami pour une première croisière aux îles Scilly situées à la pointe sud-ouest de l'Angleterre... Nous ne sommes pas très attirés par le sud de la France. Par contre, mettre le cap vers l'ouest nous motive. J'écris à plusieurs lycées d'enseignement professionnel privés en Bretagne et joins à mes demandes les excellents certificats que m'ont concédés les trois établissements où j'ai commencé à enseigner. Je ne veux surtout pas intégrer un lycée public pour me faire nommer quelque part entre Thionville et Charleville-Mézières. Et puis, mon expérience parisienne m'a fait apprécier l'ambiance qui règne dans les LEP. Les cours s'adaptent aux métiers que les élèves apprennent et c'est moins monotone que répéter quatre fois la même chose à quatre classes de même niveau.

Je reçois une réponse positive de Lorient. Non seulement la direction de l'établissement me propose un plein temps, mais elle m'informe qu'elle possède un club de voile. Le rêve ! Sauf qu'à ma grande surprise l'immense majorité des élèves ne profitent pas de l'aubaine. Je me console avec quelques vacanciers, futurs plaisanciers passionnés. Tout mon temps libre y passe. Bientôt les abords de Locmiquélic, Larmor-Plage, Port-Louis, les coureaux de l'île de Groix, Belle-Île, Houat ou les Glénan n'ont plus de secret pour moi, tout comme mon nouveau voilier, un Cap Horn nommé *Clampin*, qui pour accueillir Élisabeth a remplacé *Gide*. Encore quelques efforts et je serai capable de nommer toutes les cardinales qui balisent la rade par leur petit nom.

Incidemment, j'apprends que le centre pénitentiaire de Lorient-Ploemeur recherche un prof. J'ai beau avoir déjà un poste, je me porte volontaire pour cette seconde vacation, même si mes antécédents comme élève puis enseignant dans le privé ne sont pas très bien vus par le Greta, le groupement d'établissements en charge de ces cours aux prisonniers. Je suis le « vilain petit canard » de la couvée, je sais de surcroît que mon prédécesseur a craqué, mais qu'importe, l'expérience me plaît. Je ne sais rien de mes élèves, ni les raisons ni la durée de leur incarcération. Mais eux savent que s'ils sont assidus, ils pourront bénéficier de remises de peine. Une motivation sans pareille. J'ai le sentiment d'être « utile ». Il y a de fortes têtes mais aussi des gars très chouettes. Un jour, un jeune type m'apostrophe : « M'sieur, j'ai pas tout compris, mais comme j'ai quinze ans à tirer, j'espère que ce sera le cas l'année prochaine ! »

J'essaye de leur proposer des exercices pratiques et ludiques pour les intéresser à défaut de les captiver. Et ça marche ! Je leur montre par exemple comment produire de l'électricité avec un citron, un clou en galva et un autre en cuivre – deux électrodes de métaux différents. Ils ne sont pas longs à piger et demandent même s'ils ne pourraient pas mettre à profit cette trouvaille au-delà de l'inévitable limite de l'extinction des feux…

C'est dans ma nature : j'aime aider et séduire, l'un ne va pas sans l'autre. Me faire respecter est une chose, mais elle n'est rien si cette autorité n'est pas accompagnée d'un minimum de complicité. Je pense que les vertus d'un bon capitaine se nourrissent de toutes ces données contradictoires et complémentaires à la fois. Aujourd'hui encore, d'anciens élèves m'écrivent… M. « Védéhache » est sensible à cette reconnaissance, et apprécie aussi qu'ils aient appris au bout du compte à écrire mon nom correctement !

7

Objectif 240 jours

Depuis que je ne suis plus enseignant – un gros quart de siècle –, je consacre 100 % de mon temps ou presque au bateau. J'ai multiplié les expériences, échangé avec quantité de marins. Je sais donc pertinemment qu'une course se gagne aussi en amont, pendant la phase de préparation. Mon avitaillement, par exemple, est le fruit d'une précise cogitation. Sur un tableur Excel, je rentre les données fondamentales. Pour chaque vitesse moyenne, une durée totale : 5 nœuds = 230 jours ; 5,02 nœuds = 229 jours ; 4,98 nœuds = 231 jours, etc. Compte tenu de mes navigations, de ma connaissance du bateau, je table sur une vitesse moyenne légèrement supérieure à 5 nœuds, soit un peu plus de 9 km/h. Ne voulant pas manquer, j'ajoute un bonus. Total : 240 jours de vivres. Le prof de maths ne se refait pas :

dans tous les domaines, j'essaye de calculer, d'anticiper, de planifier, même si l'expérience prouve que dans toute aventure, des impondérables viennent parfois chambouler les prévisions. Nouveau tableur avec, en détail, tout ce que j'embarque, du pain sous vide aux plats cuisinés, du chocolat aux desserts, des lingettes au papier absorbant, sans oublier le sel, l'huile d'olive et les herbes de Provence… L'air de rien, avec les 150 litres de gazole, les 250 litres d'eau douce en cuve, les 50 litres d'eau pétillante, les 60 litres de bon vin, la nourriture, les vêtements, les outils et les rechanges, tout ce joli bazar représente au moins une tonne d'avitaillement à caser dans un bateau qui en fait déjà presque huit !

Je prépare aussi un tableau de marche avec les grands points de passage – Cabo Finistero, Canaries, Équateur, Bonne-Espérance, Leeuwin, Hobart, Horn – et table, si tout se passe à peu près normalement – sur une navigation totale de 222 jours pour une distance finale de 26 434 milles nautiques soit, 49 000 kilomètres environ. Pas de doute, la promenade va être longue ! Sur son multicoque géant ultramoderne, en décembre 2017, François Gabart a bouclé son affaire cinq fois plus rapidement et en un tout petit peu plus de 42 jours.

Des chiffres, toujours des chiffres ! J'interroge Jean-Yves Bernot, célèbre routeur-météorologue, pour qu'il confirme que ma trajectoire prévue et les performances attendues de *Matmut* sont cohérentes. Parallèlement, je commande à Christian Dumard, autre spécialiste du routage météo, une étude climatologique de ma route australe qui se situe relativement haut en latitude – autour de 45 degrés –, sans rapport avec mes précédents tours du monde. Cela renforce et les prévisions de Jean-Yves, surnommé « le sorcier », et mes propres convictions. Avec un peu de chance, en optimisant mes trajectoires, sans gros pépin technique ni surprise météo, je pourrai même envisager de boucler mon tour en 188 jours, pour une arrivée aux Sables programmée le 4 janvier 2019. Un résultat qui équivaudrait, je n'en doute pas, au meilleur des mondes !

On apprend toujours de ses erreurs. Lors du premier Vendée Globe en 1989-1990, nous étions treize, partant tous vers l'inconnu. Chacun s'était vu contraint de tâtonner à qui mieux mieux. Je m'étais basé sur le temps mis par Olivier de Kersauson lors de son tour du monde sur son grand trimaran *Un autre regard* un an plus tôt, soit 125 jours. Comme je partais sur un monocoque plus court de cinq mètres, j'avais calculé qu'il me fallait emporter 150 jours de vivres au bas mot. En réalité, à ma grande surprise, j'ai mis 13 jours de moins ! Et pourtant, paradoxe suprême, passé le cap Horn, après 75 jours de mer, je n'avais quasiment plus de force, faute de n'avoir pas suffisamment mangé dans le Sud. La peur de manquer sans doute ou mon côté économe de bon père de famille ! Je vous rassure : pendant la montée atlantique, je me suis rattrapé sans compter.

Cette fois, pas de mauvaise surprise. À l'inverse de l'Estonien Uku Randmaa[1] qui manqua à tel point de vivres qu'il a perdu 25 kilos, jamais je n'ai eu à me plaindre. Tous les trois jours, j'avalais quelques compléments vitaminés. Une précaution supplémentaire non pas pour me prémunir du scorbut, la maladie qui décima les équipages des grands découvreurs au XVIIIe siècle, mais tout simplement pour maintenir mon état de forme.

Seul point noir : j'ai perdu un dixième de mon vin rouge que j'ai sans doute eu tort d'emporter en cubitainers de trois litres. Très vite, dans le Sud, les cartons se sont humidifiés et délités, les poches en plastique sont devenues poreuses. Bonjour l'odeur de vinaigre mêlée à celles de la moisissure et de gazole ! Mon verre quotidien de 25 cl n'a pas toujours été au rendez-vous mais heureusement les poches alu de Pomerol ont mieux tenu. À part les premiers jours, je n'ai jamais cuisiné, me contentant de réchauffer des plats consistants mais goûteux, entre conserves et lyophilisés.

J'avais emporté pas mal de musique pour mon radiocassette d'époque – une cinquantaine de

1. Arrivé troisième de la Golden Globe Race.

cassettes de rock dont, sans surprise, pas mal de Pink Floyd –, et complété mes options divertissement par une série de livres audio idéaux pendant les longues périodes passées à la barre. Quand je suis sous régulateur d'allure à l'intérieur de mon carré, une autre musique m'obsède : le bruit de mon bateau. Le moindre grincement de coque, le plus petit frottement de cordage me fait prêter attention. Lors de mon record contre les vents dominants à bord d'*Adrien*, qui n'avait rien à voir avec mon bateau actuel, il y a quinze ans déjà, j'avais prévu d'embarquer quinze bouquins pour 122 jours. Comme je suis prévoyant de nature, j'en ai ajouté quinze autres. Au final, je n'en ai lu qu'une douzaine.

À vrai dire, on est toujours occupé sur un bateau, surtout lorsque celui-ci est privé d'électronique. On ne voit pas le temps passer. D'ordinaire, je barre beaucoup, notamment au vent arrière et sous spinnaker. Sur mon *Matmut*, faute de réel plaisir, je suis moins assidu. Je le concède, ce bateau n'est pas très agréable à « conduire », il est lourd, peu sensible et plane difficilement. Heureusement, j'ai rallongé la barre en doublant sa longueur, ce qui me permet d'avoir un bras de levier plus important. Je n'ai pas compté exactement, mais sur mes 5 000 heures de navigation, je pense avoir barré 700 à 800 heures seulement et quasiment jamais la nuit. Autre activité contraignante : je note tous mes « points sextant » sur mes cahiers d'écolier. Un pensum imposé par l'organisation sous peine de disqualification.

À l'époque du tout connecté, cela peut sembler incompréhensible, mais la Golden Globe Race tenait à célébrer l'esprit de l'édition de 1968. Un esprit parfois non dénué d'attentions. Témoin, cette mise en relation téléphonique – normalement prohibée – avec Odile en pleine vacation hebdomadaire obligatoire. Sachant que tout le monde écoutait, comme au bon vieux temps de Saint-Lys Radio[1], nous nous étions contentés de quelques banalités : « Ça va ? Oui, ça va. Et toi ? » Il n'empêche, cet échange nous a fait un bien fou à tous les deux. On l'oublie souvent mais, pendant ces longues courses en solitaire, les proches restés à terre dégustent autant si ce n'est plus que ceux qui sont en mer.

Odile, ma nouvelle compagne rencontrée après ma séparation d'avec Nicole, a débarqué dans ma vie dans un contexte bateau, au gré d'une rencontre qui ne manque pas de piquant. Quelques mois après mon premier Vendée Globe, je suis en passe de vendre mon *36-15 Met* à Isabelle Autissier qui veut faire le BOC Challenge[2] à venir. Nous

1. Station de radio marine de 1948 à 1998 qui centralisait les appels venus du large audibles sans réserve, par les opérateurs chargés des transferts de communication.

2. Course autour du monde en solitaire avec escales.

régatons ensemble au large de Lorient en compagnie de l'entreprise Quillery, l'un de mes sponsors, afin qu'elle puisse prendre le bateau en main. Lors de l'ultime course le dimanche, nous poireautons quelques heures faute de vent. La régate finit par être annulée. Le skipper d'un bateau concurrent me demande si je peux embarquer deux filles pour les ramener au port. Leur souhait est pressant : par défi, elles veulent absolument venir sur MON bateau. Les dimensions imposantes de *36-15 Met* et ma petite notoriété, acquise grâce à ma troisième place dans le Vendée Globe, font leur effet. Nous faisons connaissance. À terre, les amabilités continuent autour de quelques verres de champagne pendant que je dédicace mon premier livre, *Un globe à la force du poignet*. Bref, nous échangeons nos numéros de téléphone. Je serais content de les recroiser à l'occasion. Quelque temps plus tard, passant à Nantes, j'appelle les deux numéros sans même savoir qui est qui. L'une est sur messagerie, l'autre répond. C'est Odile. À quoi ça tient…

J'ai beau être cartésien, matheux, je ne néglige ni le hasard ni l'aléatoire. Tout ne s'explique pas, tout ne se calcule pas. Exemple, je suis paraît-il insensible aux variations de température. Jamais trop chaud, jamais trop froid. Une sorte de reptile. Allez comprendre pourquoi ! Le matin, je peux enfiler une polaire, mais si plus tard dans la journée le thermomètre dépasse les 30 degrés, je ne m'en rends même pas compte et la garde sur moi. A contrario, sous une latitude australe, je peux sortir sur le pont en chemisette sans sentir la morsure du froid. C'est sans doute pour ça que je traîne un peu cette réputation de dur au mal. Je n'ai pas de précision ou d'explication à donner. C'est comme ça…

Plus étonnant, il m'arrive de ne pas m'apercevoir qu'il pleut. Cela a notamment été le cas à l'issue de ce tour du monde lors de mon arrivée aux Sables. La faute à l'émotion liée à la victoire et aux retrouvailles ? La concentration parce que j'étais sous spi ? La crainte de me faire aborder par un des nombreux bateaux spectateurs ? Allez savoir. Quand j'ai revu les vidéos et les photos, j'ai découvert, en effet, qu'il tombait des cordes !

Bon, cette particularité a son revers : depuis un certain temps maintenant, je souffre de l'humidité, surtout sous les latitudes australes. Cela tient du cercle vicieux : je rentre dans mon duvet mouillé, j'en ressors, le bateau est embué. Impossible d'enfiler un vêtement sec, impossible même de les sécher. Contrairement aux apparences, si je partage avec lui quelques caractéristiques, je ne suis pas un ours polaire. Tout au long de la Golden Globe Race, j'ai pesté contre les infiltrations d'eau à l'intérieur de ma cabine et consommé je ne sais combien de rouleaux d'essuie-tout pour éviter que ma table à cartes ne ressemble à une salle de bains. Sans aucun succès bien sûr ! Et je ne parle pas de ces déferlantes vicieuses qui parfois, alors que j'avais plié ma capote au-dessus de la descente, prenaient un malin plaisir à tout inonder à l'intérieur. Même mes hublots d'origine fuyaient, suintaient vingt-quatre heures sur vingt-quatre. J'avais envisagé, un moment, de les changer. Erreur : je me suis contenté de les enduire de mastic. Mark Slats[1], lui, a carrément condamné les siens. Ce n'est pas terrible pour la luminosité mais c'est radical contre les infiltrations et l'humidité !

Lors de mes cinq tours du monde précédents, je n'ai jamais embarqué le moindre chauffage d'appoint et n'ai pas modifié ce point pour le dernier. En réalité, les bienfaits apportés sont contraires aux attentes : l'effet de condensation est décuplé, qui plus est les écarts thermiques entre la cellule de vie et le cockpit sont très préjudiciables. Quand on est bien au chaud à l'intérieur, on a encore moins envie de sortir ! C'est tout le paradoxe. Et puis un chauffage au pétrole ou au gaz implique d'embarquer du combustible, ce qui alourdit d'autant le bateau.

J'ai toujours été très vigilant sur le poids. Lors de ma première Mini Transat, mon Muscadet était si léger qu'il flottait prétendument 10 % au-dessus

1. Arrivé deuxième de la Golden Globe Race.

des autres concurrents. Tout cela relève du détail, mais du détail qui compte. À terre, autre exemple, j'ai chronométré la durée de vie d'une bouteille de gaz et en ai déduit qu'il me faudrait un peu plus de deux recharges pour le voyage. N'ayant absolument pas envie de manger froid et parce que je suis prévenant, je suis parti avec trois bouteilles. Le mathématicien, je vous dis. Est-ce que mes adversaires ont fait de même ? Je n'en suis pas certain.

8

De l'autre côté de l'horizon

À l'occasion de la Transat anglaise de 1960, je découvre le personnage de Francis Chichester, un phénomène ne répondant pas aux canons de la compétition hauturière. Ce bonhomme m'impressionne. Malgré mon jeune âge – je viens d'avoir 15 ans –, je ne manque rien de sa course et de ses exploits, toujours en quête d'une coupure de presse ou d'un livre supplémentaire. Aviateur de métier, ce Britannique bon teint, élevé dans le beau monde, « myope comme une taupe », s'était engagé dans la Royal Air Force lors de la Seconde Guerre mondiale. Il a servi avec vaillance mais aussi imaginé un petit guide technique, une sorte de tutoriel permettant aux pilotes d'effectuer leur navigation « sur les genoux ». Il avait déjà 49 ans lorsqu'il a découvert la voile et dix ans de plus lorsqu'il a remporté cette fameuse première Transat en solitaire lancée entre Plymouth et Newport sur la côte est des États-Unis. Sur son célèbre *Gipsy Moth*, il a aussi effectué en 1966-1967 un tour du monde d'ouest en est en 226 jours avec une seule escale, devenant le second marin après l'Argentin Vito Dumas à réaliser cette circumnavigation en solitaire par les trois caps. Je suis fasciné à la fois par sa sobriété et sa modestie. Et plus encore séduit par sa capacité à assimiler les rudiments de la voile au large en si peu d'années.

J'ai aussi beaucoup de sympathie pour Herbert « Blondie » Hasler, autre concurrent de cette course mythique. Un lieutenant-colonel des commandos de marine qui, en 1942, en remontant la Gironde en kayak, a mené un raid couronné de succès face à des navires allemands. Après cet acte héroïque, Hasler s'est totalement investi dans le nautisme, mettant au point, en particulier, le premier conservateur d'allure finalement pas si éloigné de ceux que nous utilisons tous pour ce tour du monde.

Autre découverte : Jean Lacombe, bon et courageux dernier de cette transat. Un artisan maroquinier, cinéaste et photographe de 44 ans, assez fou pour s'embarquer à bord d'un Cap Horn de 6,50 mètres dessiné par l'inévitable Jean-Jacques Herbulot. Quatre ans plus tard, il remettra ça à la barre d'un Golif de la même taille, terminant neuvième sur quinze de la deuxième édition de la course. Une véritable performance totalement éclipsée par la victoire d'un jeune officier de marine du nom d'Éric Tabarly sur *Pen Duick II*.

Quelques années plus tard, je suis devenu moi-même propriétaire d'un Cap Horn tout à fait semblable à celui de Jean Lacombe. C'était un bon étalon pour mesurer le chemin qui me restait à parcourir pour éventuellement imiter mes héros. C'est dans les allées du Salon nautique de 1977, alors organisé sous la voûte du CNIT à la Défense, que j'apprends qu'un Anglais nommé Bob Salmon veut organiser une transat « miniature » à bord de voiliers de 6,50 mètres. Une manière selon lui de dénoncer la « course aux armements », l'envol des coûts et des budgets, illustré par le célèbre *Club Méditerranée* d'Alain Colas – quatre mâts, mille mètres carrés de toile et onze kilomètres de câbles électriques –, concurrent malheureux de la transat anglaise disputée un an plus tôt. Ces Anglais sont décidément toujours prêts à prendre la tangente ou le contre-pied. Salmon n'est pas long à trouver un nom à son projet : bienvenue au départ de la « Mini Transat ».

J'adhère d'emblée à l'engagement de ce journaliste-photographe freelance collaborant au *Sunday Times* qui, justement, a contribué à financer le Golden Globe Challenge de 1968-1969 dont j'ai déjà longuement parlé. Bien que farfelue pour l'époque, je trouve son idée plutôt géniale, et je commence à cogiter sur mon éventuelle participation, correspondant parfaitement à mes moyens de l'heure. Enfin, « moyens », c'est vite dit ! Je n'ai évidemment pas un sou vaillant en poche, pas de sponsor, pas de bateau de 6,50 mètres. Personne ne sait qui je suis. Mon pedigree – prof de maths inconnu au bataillon né loin de la mer et sans le moindre palmarès – n'est pas fait pour m'aider. De plus, je viens de prendre une année de disponibilité auprès du collège dans lequel j'enseigne pour finir de construire mon bateau en acier. Je pourrais la prolonger d'un trimestre ? Il n'est pas interdit de rêver. Et si je tentais ma chance en allant voir Victor Tonnerre, maître voilier lorientais, renommé pour couper toutes les voiles des *Pen Duick* de Tabarly ?

Je connais bien Victor. Il n'est pas toujours avenant mais dispose d'un impressionnant réseau et ne déteste pas ma compagnie. Il pourrait peut-être me présenter à André Aubin, orfèvre du bois qui construit les Muscadet sur les bords de la Loire ? Jouer les entremetteurs ne le gêne pas et nous voilà au Salon nautique en train d'emprunter l'allée qui mène au constructeur et à son architecte. Quand je demande à Aubin de me prêter un Muscadet pour disputer la « Mini », il est naturellement sceptique. Je plaide ma cause, insiste à propos de mon expérience aux Scilly en compagnie de ma femme et de ma fille de six mois et argue que ce nouveau défi pourrait relancer la série.

En partie convaincu, André Aubin me présente alors à Philippe Harlé, l'architecte du Muscadet, complice de la première heure, qui de sa voix de crécelle inimitable s'inquiète : « Alors, jeune homme, dites-moi, pourquoi la Mini Transat ? » De ma voix de stentor, je déroule mes arguments : mon amour des petits bateaux, la philosophie bienveillante de cette nouvelle course, l'équité sportive de l'épreuve et j'en passe. Souffrant de surdité, Harlé a-t-il entendu ? Sa réplique est sans appel : « Jeune homme, vous me plaisez ! » Avec le recul, l'échange peut paraître anodin, le fait est qu'il est fondamental à mes yeux, constitutif de mon parcours et symptomatique des relations fidèles et amicales que j'entretiens depuis toujours avec mes soutiens ou mes fournisseurs. Pas besoin de longs discours, juste quelques vérités, une confiance, un respect mutuels.

Aubin est tout aussi direct et pragmatique : « Je vous offre le voyage retour du bateau en cargo si vous finissez dans les cinq premiers au général et en tête des cinq Muscadet engagés. » Tope là ! C'est un contrat oral doublé d'une franche poignée de mains. Dans ma voiture sur le chemin du retour, je chante à tue-tête en quittant Paris. Je vais donc disputer ma première transat, qui plus est en solitaire.

Motivation supplémentaire : j'ai une obligation de résultat. Durant la fin de l'hiver et tout le printemps, je m'entraîne en solo et par tous les temps. Je décide de m'inscrire aux 100 milles de Concarneau, une épreuve en solitaire qualificative pour la course du Figaro. La météo est épouvantable, le vent souffle en tempête, levant une mer très dure. Aujourd'hui, aucun organisateur ne donnerait le départ dans de telles conditions ! Sur la trentaine de concurrents inscrits, nous ne sommes que trois à rallier l'arrivée. Je remporte la course en temps compensé devant Jean Le Cam, un jeune Breton de 18 ans qui mène le voilier familial, un Armagnac de 8,55 mètres, en contreplaqué également, dessiné par Philippe Harlé et forcément construit par le chantier Aubin. Je suis rincé, au propre et au figuré, mais je me suis régalé. Le troisième de l'épreuve sera Alain Delord qui quelques années plus tard sera sauvé de son naufrage au sud de l'Australie par… Don McIntyre. Le monde est petit !

Pendant cette dure régate, j'ai pensé à mes héros de jeunesse. À Alain Gerbault, toujours confronté à des tempêtes dantesques, ou à Marcel Bardiaux qui n'hésitait pas à tirer de longs bords au près serré[1]. Happé par la navigation en solitaire, je sens que je me rapproche de leurs convictions. J'adore

1. Quand le vent vient de face.

ne devoir compter que sur moi-même. Bien sûr, je ne suis pas Chichester, Tabarly, Knox-Johnston ou Moitessier, mais me voici paré pour traverser pour la première fois la « grande mare », en course et sans l'aide de quiconque.

J'ai 32 ans, une femme, deux enfants, Élisabeth, 7 ans désormais, et Éric, 4 ans. Je me sens prêt, ai une totale confiance en moi sur ce bateau d'emprunt que je connais désormais sur le bout des doigts. Sincèrement et même si cela peut paraître vaniteux, je ne doute de rien. À Penzance en Cornouailles, ce 8 octobre 1977, nous sommes vingt-six concurrents dont Bob Salmon, mais aussi le Normand Halvard Mabire et le Baulois Bruno Peyron, respectivement 21 et 22 ans. La première étape, qui nous conduit à Santa Cruz sur l'île de Tenerife, ne compte pas pour le classement, mais sert de qualification avant le grand saut vers les Antilles et l'île d'Antigua. On peut prendre son temps, faire une ou deux escales, l'important étant d'arriver à bon port aux Canaries.

Au large du Portugal, nous prenons une grosse « cartouche » selon l'expression à la mode. J'ai déjà été confronté au très mauvais temps en Muscadet et fais le dos rond. Même certains navires de commerce réduisent leur allure. À l'arrivée, il manque malheureusement deux participants, Maurice Fouquet et Patrick Van God, disparus corps et biens. Je revois encore la femme de Patrick, attendant son mari sur la digue du port de Tenerife jour après jour, accompagnant chaque arrivée, de plus en plus dépitée… avant d'être confrontée à la tragique réalité. Certaines revues spécialisées déclenchent une polémique sur le fait que ces bateaux de 6,50 mètres initialement conçus pour la croisière côtière ne sont pas habilités à traverser un océan vu leur petite taille. Je vais découvrir ce que représentent trois semaines de mer, seul sur une coque de noix dans laquelle je ne tiens pas debout, tout juste assis. Mon bateau est peut-être spartiate, il est surtout robuste et marin. Un vrai baptême du feu s'annonce, accompagné de nouvelles frayeurs, dans les alizés cette fois. Je ne m'en sors pas si mal et termine quatrième de la course remportée par Daniel Gilard sur *Petit Dauphin*. La piña colada offerte à l'arrivée a un goût de paradis : j'ai rempli mon contrat. Non seulement mon bateau d'emprunt est rapatrié, mais exposé au Salon nautique suivant. Mieux, André Aubin m'embauche comme commercial. Je vends deux Muscadet et un Armagnac, et touche ma petite commission. C'est une bonne opération, rehaussée par le fait que je suis convaincu de mon appétence pour la course en solitaire.

Depuis deux ans, parallèlement à mes aventures sportives, je fabrique aussi un ketch de 12 mètres en acier à côté de Lorient. La mode est alors à la construction amateur dans un jardin, un hangar, un terrain vague selon un esprit très soixante-huitard. Je l'ai dessiné selon des mensurations très cartésiennes – 12 × 4 × 2 mètres – en m'inspirant du plan Finot Rêve d'Antilles et aussi de *Pen Duick III* et son étrave à guibre[1]. Je construis moi-même la structure, découpe les couples et les tôles, mais fais sous-traiter la soudure par le chantier Millet. Mon frère Philippe m'aide à terminer les aménagements sommaires en contreplaqué, bien suffisants pour la croisière. Je décide de le baptiser *Euclide*, du nom du mathématicien grec. Une manière de revanche. Vous souvenez-vous de *Gide* et de ma supposée admiration pour la littérature ? Autant ne pas mentir sur la marchandise. Pas d'équivoque avec *Euclide* : j'aime bel et bien les maths et je suis prof de surcroît.

À bord de ce bateau, je fais d'abord de l'école de voile, puis, à la suite d'un quiproquo à propos d'une maison que nous avons achetée, et qui est frappée d'alignement, nous décidons de nous y installer un temps. Mes enfants goûtent avec un certain bonheur cette vie un peu bohème que nous partageons dans le bassin à flot de Lorient. Pour ajouter à l'incongruité, au retour de la Mini Transat, je reprends mon poste d'enseignant.

1. Étrave de bateau concave de forme tulipée.

9

Non sans peur ni sans reproche

Ai-je peur de mourir ? On me pose souvent la question. Clairement non. Cependant, j'ai connu quelques belles frayeurs au large. La première lors de la Mini Transat 1977 justement, une nuit sous un orage dantesque ! J'étais encore débutant et n'avais que très peu de connaissances en météo. Toujours est-il que je n'avais pas mesuré que ce cumulonimbus – « cunimb », disent les marins et les pilotes de ligne – qui se développait verticalement en s'alimentant de l'eau chaude des alizés allait se muer en véritable bombe.

En réalité, j'étais complètement dépassé par les événements. Les rafales étaient si puissantes que j'avais l'impression que mon voilier d'une tonne allait s'envoler comme une plume balayée par un souffle d'enfant. Les éclairs zébraient un ciel d'encre. J'étais persuadé que la foudre allait s'abattre sur mon mât métallique, obnubilé que j'étais par le souvenir d'un voilier frappé près du Havre et qui n'était pas beau à voir au moment de rentrer au port.

J'étais en panique. J'avais beau avoir bientôt l'âge du Christ à sa mort, je savais que même le recours à la prière n'aurait servi à rien. Assis à l'intérieur, mon radeau de sauvetage dans son conteneur telle une valise sur les genoux, tétanisé par la peur, j'ai attendu que l'orage passe, simplement reconnaissant de ne pas avoir été foudroyé. Après la course, l'architecte Philippe Harlé m'a expliqué les différences de potentiel entre les nuages et la terre, ou entre deux nuages voisins. J'ai alors mieux compris le phénomène.

Le second gros coup de « chaud », je l'ai connu en 1990 à l'occasion de mon premier Vendée Globe, lorsque je me suis retrouvé à naviguer au milieu des icebergs… dans une situation extrême. À cette époque, les concurrents étaient libres d'adopter toutes les routes imaginables, même les plus au sud, même les plus proches de l'Antarctique et donc des glaces… Circonstance aggravante, nous ne disposions pas de satellites dédiés à leur repérage et leur observation. C'était au petit bonheur la chance. Prenez une orange et faites tourner votre doigt autour. Plus vous vous rapprochez de l'un de ses

« pôles », moins vous aurez de chemin à parcourir. Telle était ma devise.

Un beau matin, je m'affaire sur la plage avant du bateau et aperçois des glaçons à peine plus gros que ceux dont l'on accommode d'ordinaire son pastis. Je retourne à la barre, me persuade que j'ai rêvé ; n'était-ce pas tout simplement la crête de quelques vagues blanchies par l'écume ? Nouveau mirage ou supposé tel : un nuage surprenant sur ma gauche, posé sur la mer ou presque ! Quelques secondes d'hésitation et je me persuade : c'est d'un iceberg qu'il est question, un immense tabulaire, un truc gigantesque ! Je sens l'inquiétude monter en moi, mais en même temps une certaine incrédulité, comme si cette vision somme toute merveilleuse – c'était la première fois que je goûtais l'expérience – ne pouvait en aucun cas se terminer par une catastrophe. En plein jour, admettons, l'obstacle peut être évité ou contourné. Mais la nuit ? Et que dire de tous les petits growlers, ces satellites glacés qui accompagnent le monstre, inattendus, imperceptibles au milieu de la crête des vagues ?

À ce moment précis mon cap ne trompe pas : j'ai programmé une route ultime, au ras du continent antarctique. Je navigue par 61°50' sud. Le froid est absolu et la température de l'eau proche de zéro. Le pont est couvert de givre et de petites stalactites se développent sous les barres de flèche. Ce n'est pas raisonnable, mais c'est l'enjeu de la compétition qui m'a emmené dans ces parages peu recommandables : je n'arrive pas à me résoudre à laisser Titouan Lamazou caracoler en tête. Je ne ferme qu'un œil et tente de passer entre les gouttes. Au petit matin, même vision de cauchemar et mêmes taches blanches que la veille. Je suis vent arrière et ça va vite. Là, c'est un champ de mines qui s'annonce doublé d'un cul-de-sac comme si je pénétrais dans une baie bordée de montagnes hostiles.

Cette fois, fini les impressions enchanteresses, les expressions esthétiques, c'est bel et bien la peur qui frappe à ma porte. Pour freiner le bateau, je réduis immédiatement la toile et repars au près serré. À bâbord comme à tribord, je découvre des dizaines de blocs atteignant parfois trente mètres, de formes et de couleurs hallucinantes. Je dois trouver la sortie. J'y parviens et préviens Titouan en BLU, selon nos bonnes habitudes. Il est beaucoup plus haut, par 58° sud. Contrairement à lui, je n'ai pas de radar à bord de *36-15 Met*. Gentiment, il me donne la position des icebergs qu'il rencontre, me forçant du même coup à davantage de prudence. C'est décidé : quitte à perdre du temps, je remonte et vite !

Ça m'a fait du bien d'entendre l'accent chantant du Sud-Ouest de Titouan. L'épreuve n'est pas finie, mais je me sens libéré d'un poids. Débute alors une veille interminable ponctuée de bouffées de stress.

Je vois la mer qui se fracasse sur les tabulaires alentour comme sur autant de falaises ordinaires. Le moindre choc et je suis perdu. Pas de radar, pas de moyens de communication sophistiqués, mais pas de moteur non plus ! Pour cette course inaugurale, la liberté est de mise. Elle est incontestablement bonne à prendre, mais a ses limites.

Je n'ai pas le choix, c'est une question de survie : vingt-quatre, trente-six, quarante-huit heures… Je lutte contre le sommeil en poursuivant ma route au nord-est. Le temps me paraît interminable. Sous pilote automatique, je ne lâche pas l'horizon des yeux, sursaute dès que la coque émet le moindre bruit. Mais qu'est-ce que je fous là ? Agrippé à ma barre franche en teck, je pique sans cesse du nez. Au bout de deux jours et autant de nuits, je n'en peux plus, m'assoupis régulièrement. La trouille au ventre ne me quitte plus. Jusqu'à la porte de sortie !

Lors de la Golden Globe Race, je n'ai pas connu pareille frayeur. Les règlements y sont pour quelque chose : les descentes au-delà des cinquantièmes sont interdites sauf au niveau de la « dent » qu'impose le Cap Horn, bien sûr, par 56° sud. Mais je mentirais si j'omettais de signaler que, malgré cela, l'appréhension pointe toujours. C'est le propre de la navigation à voile dans ces régions-là. Rien n'est acquis, rien n'est balisé. L'inattendu a toujours voix au chapitre. Quand la mer est de travers avec sept, huit, neuf mètres de creux, que les lames s'écrasent sur la coque, je me demande chaque fois si « ça va tenir ». Et à vrai dire cette sensation existe dès l'instant où l'on a quitté le ponton de départ. Elle est là, secrète et insidieuse, prête à se manifester au moment où l'on s'y attend le moins. Contrairement à l'impression donnée, je ne suis pas de bois ni inoxydable. Seuls le temps et l'expérience arrondissent un tant soit peu les angles et rendent plus philosophe, plus fataliste.

Lorsque je barrais fatigué sur mes précédents bateaux, notamment les 60 pieds, je m'attachais à la ligne de vie, fort de mon harnais muni de sa solide longe. Là, sur mon Rustler, c'est très rare, même par mauvais temps. Je me dis que de toute façon dans ces mers-là – le « plus grand désert du monde », dixit Kersauson –, seul, loin de tout, cela ne sert à rien. Adviendra ce qui doit advenir. Par contre, j'ai tout le temps en tête de me tenir. Ferme. Lorsque je me déplace à quatre pattes, j'ai toujours une main pour le bateau. Avant chaque manœuvre, je visualise le geste que je vais faire et pense constamment à la manière dont je vais l'appréhender. Je me demande également ce qui pourrait arriver si une vague déferlait à ce moment-là ou si je perdais l'équilibre à cause d'un coup de gîte inattendu.

J'anticipe. Pour mieux prévenir l'instant, je me parle même à haute voix : « Si tu as détaché la retenue de la bôme, il faut que tu fasses gaffe au cas où le bateau empannerait de manière intempestive », « attention, là, il y a des vagues vicieuses qui pourraient te déséquilibrer », « méfiance pour cette réparation, je vais plutôt me caler au vent »... Cette « routine intellectuelle » tient toujours compte du fait que je peux éventuellement passer à l'eau. Comme ça, en une fraction de seconde. J'y pense sans arrêt quand je suis sur le pont.

Lors de ce dernier tour du monde, j'ai pris le parti de très peu barrer quand les conditions deviennent dangereuses. Déjà que la barre est terriblement physique, je préfère ne pas m'exposer à l'extérieur. Sur ce type de bateau, on est sans cesse à la merci des éléments. Il ne surfe presque pas, et si une déferlante se pointe par l'arrière, elle peut prendre la coque sous le cul, la soulever et la projeter dans la vague suivante, ou alors se déverser sur le pont. C'est le plus gros danger par rapport aux voiliers de course bien plus légers qui eux accélèrent en descendant les vagues avant d'attraper la suivante. Je laisse faire le conservateur d'allure, qui, dans le vent fort, pilote très correctement le bateau même si le cap oscille de vingt degrés d'un bord sur l'autre.

Mon conservateur d'allure Hydrovane fonctionne vraiment bien. J'en suis ravi. C'est un appareil autonome qui n'actionne pas la barre, mais possède son propre gouvernail constitué d'une pale immergée très efficace, et d'un appendice aérien muni d'une toile qui s'oriente par rapport au vent. C'est aussi parce que mon bateau était équipé à l'origine de cet instrument et que l'organisateur de la course en est fan que je l'ai choisi. Beaucoup de mes adversaires ayant un pilote relié à la barre avec des drosses ont rencontré des difficultés à répétition. Chaque jour, je me félicite de mon choix. Dans les coups de vent au portant, je ferme tout, la capote et le panneau de descente, et je reste à l'intérieur, laissant le bateau vivre sa vie.

10

Sept mois sans toucher terre

Il est temps de larguer les amarres. Les derniers jours à terre sont finalement bien éprouvants entre les sollicitations tous azimuts, les briefings d'information, les ultimes vérifications, les rendez-vous avec les journalistes, les visites des copains et de la famille, mes enfants et petits-enfants, mes sœurs et mon frère. La légitime anxiété du départ me gagne, mais je ne laisse rien paraître, confortant ma réputation de dur à cuire et les appellations « AOC » qui vont avec : bûcheron inoxydable, moine trappiste, colosse d'airain et que sais-je encore ! Un grand quotidien régional enfonce le clou : « VDH : le vieil homme et la mer ». Ma barbe blanche et mon âge canonique facilitent le raccourci, me voici élevé à la hauteur du célébrissime héros d'Ernest Hemingway !

À dire vrai, tout cela m'amuse. Au fil des années, je me suis habitué. Les gens m'apprécient et j'aime les gens. Le courant passe et mon rire communicatif ajoute à l'ensemble. Suis-je décontracté pour autant ? Pas certain. Un départ de course est un départ de course. Il y a le plaisir, la satisfaction, mais il y a aussi le stress, le doute, le sommeil aléatoire, tout ce qui accompagne ce moment si particulier où, dans tous les sens du terme, on se jette à l'eau.

C'est mon sixième tour du monde. En théorie, je sais à quoi m'en tenir. Mais en même temps, jamais je n'ai envisagé un si long voyage. Personne n'est à l'abri d'un souci de dernière minute. Peu de temps avant le départ, une équipe de France Télévisions a rejoint mon bord pour un ultime reportage. Je me déconcentre un peu et c'est l'instant où un véliplanchiste sur foïl rase le tableau arrière de mon bateau et arrache mon loch. Évidemment, je ne m'en aperçois pas tout de suite, mais seulement quand, repassant toujours à fond, ce même fou furieux jette le cordage et sa petite hélice sur le pont. Problème, il manque le compteur ! Je suis dans tous mes états car ce loch mécanique à la traîne, en plus de la distance parcourue, donne la vitesse instantanée, ce qui est introuvable aujourd'hui.

Cette occasion, c'est Lionel, mon préparateur, qui a mis un temps fou à la dénicher. En plus, grâce à un ami, j'ai fait spécialement fabriquer cinq hélices de rechange au cas où elles se feraient croquer par un gros poisson. Je cherche sur Internet si je peux en trouver un autre. Chou blanc ! Je vais devoir me contenter du Walker, mon loch de secours. Moitessier avait le même, qui ne l'a pas quitté pendant tout son périple même s'il a perdu neuf hélices au bout du compte. Moi, pour ce loch bien précis, je n'ai qu'une seule hélice de rechange et plus le temps d'en refaire d'autres. Alors, par précaution, avec l'accord de l'organisateur, je la fixe avec un bout en Spectra constitué d'une fibre high-tech – d'ici à ce qu'un nouveau véliplanchiste passe par là… Un mal pour un bien : quatre mois plus tard, au moment de mon démâtage, c'est ce bout incassable de cinq millimètres qui me permettra d'effectuer ma réparation de fortune et de sauver mon tour du monde par la même occasion…

Prudence et précaution. Patience et obstination. De tout cela on doit faire provision avant d'envisager de se satelliser autour de la planète. Il y a vingt ans, lorsque j'ai envisagé de battre le record du tour du monde à l'envers (d'est en ouest, contre les vents et les courants), je connaissais d'emblée l'addition (entre 120 et 140 jours de mer). Elle me paraissait passablement salée, mais cela ne m'a pas empêché d'accumuler trois échecs préalables. En 1999, c'est la coque qui s'est délaminée. En 2001, c'est la quille qui a lâché. En 2002, c'est le mât qui s'est brisé. Pour parvenir à mes fins, et améliorer la marque de Philippe Monnet, j'ai mis 122 jours. Pour ce nouveau tour à l'ancienne, je n'y coupe pas : je devrais en ajouter cent de plus… et pour cause, mon bateau mesure presque quinze mètres de moins !

J'ai pris ma décision en connaissance de cause, avec ce qu'il faut d'inconscience et d'égoïsme mêlés. Comme souvent en prélude à mon départ, mon entourage affiche une inquiétude plus importante que celle que je ressens moi-même. Comme je réside aux Sables-d'Olonne, quand je rentre chez moi, je croise forcément des voisins au pied de l'ascenseur. Ils sont adorables, bienveillants, mais doivent me prendre pour un doux dingue. J'essaye de faire bonne figure, je plaisante, je la joue décontracté.

Idem vis-à-vis de mes adversaires. La plupart partent dans l'inconnu. Pas moi. Je sais que les premiers jours de course vont être déterminants, surtout psychologiquement. Il faut imprimer le rythme, ne pas se laisser distancer, mais aussi s'économiser. Je suis là pour finir, voire gagner, pas pour vivre une épreuve initiatique. J'ai beau avoir une confiance aveugle en Lionel, mon préparateur à qui je délègue beaucoup de choses, je suis obligé d'inspecter et de vérifier chaque détail. Quand on part en solo et sans escale, impossible de s'en remettre au hasard. L'oubli d'un simple briquet ou d'une réserve d'allumettes peut tout foutre en l'air. Idem pour le miroir, la paire de ciseaux…

Je me souviens que, lors du premier Vendée Globe, Jean-François Coste qui menait le *Pen Duick III* de Tabarly, rebaptisé pour l'occasion *Cacharel*, avait tout bonnement oublié son rouleau de cartes marines à l'hôtel. Heureusement, il s'en était rendu compte quelques minutes après le départ. Dans le domaine de l'habillement, la préparation des sacs est primordiale. Pas question de lésiner sur les tenues de rechange, les polaires, les bonnets, les gants. Dans tous les domaines, j'ai tendance à voir large mais suis moins obsédé que certains extrémistes : Chris Dickson, lors d'une Whitbread (course autour du monde en équipage), avait imposé à ses équipiers qu'ils sacrifient les manches de leurs brosses à dents, et Lawrie Smith, dans le cadre de cette même course, n'avait autorisé qu'une paire de bottes par équipier, exigeant même que leurs utilisateurs les découpent afin de les transformer en sandales une fois regagnées des latitudes plus clémentes…

L'ambiance à Port Olona, où sont amarrés les dix-huit candidats au départ, est conviviale. La saison bat son plein, ça sent les vacances, et des familles entières déambulent sur le ponton. Très sollicité par les enfants, je signe moins d'autographes que Kylian Mbappé qui va réaliser une Coupe du monde de feu en Russie quelques semaines plus tard, mais je me défends tout de même pas mal. À chacun sa compétition ! Le 14 juin, nous avons tous fait le détour par Falmouth pour un départ fictif. C'est de là qu'était parti Robin Knox-Johnston il y a exactement cinquante ans. Tout un symbole et un hommage mérité à ce marin d'exception, avant de mettre le cap sur la Vendée d'où sera donné le véritable coup de canon le 1er juillet.

Je croise souvent l'ami Philippe Péché dit « Pépèche ». Pour moi, il est mon concurrent le plus sérieux. S'il n'a quasiment pas fait de solitaire, il a, à 57 ans, beaucoup de milles dans les bottes, a navigué avec Tabarly, Gautier, Desjoyeaux, Le Cléac'h et disputé la Coupe de l'America. Pour ce double détenteur du Trophée Jules-Verne[1], la Golden Globe Race est un tournant. Breton émigré en Australie, il dit vouloir « boucler la boucle ». Je connais également très bien son père, Jean-Paul, régatier réputé qui vit près de Lorient. Dans notre milieu, il est difficile de garder un secret longtemps. À l'époque où j'écumais les ports en Angleterre à la recherche de mon Rustler, je l'avais croisé par hasard. Son demi-sourire ne trompait pas : il avait compris que, comme son fils, je projetais de courir la Golden Globe Race. Forcément, nos recherches

1. Sur le catamaran *Orange* de Bruno Peyron.

se sont télescopées. À huit jours d'intervalle, nous avons visité le même bateau. Finalement, les Péché ont acquis un modèle en mauvais état mais décroché en échange un beau sponsor pour remettre à neuf le voilier – PRB – investi dans la voile depuis un quart de siècle. Pas de doute, « Pépèche » n'est pas là pour faire de la figuration. Son vrai challenge ? Supporter une vie d'ermite pendant sept mois sur un « fer à repasser ». Pas évident quand on a régaté les dix ou vingt années précédentes sur des fusées ultrasophistiquées menées par des commandos parmi les mieux entraînés du monde.

Le profil des autres concurrents ne laisse pas de me fasciner. L'Australien Kevin Farebrother, 50 ans, arme un Tradewind 35. Il est pompier à Perth, plus montagnard que marin. Il a déjà gravi l'Everest à trois reprises. Il ne fera pas de vieux os : après deux semaines de course seulement, il lève les pouces et atterrit à Lanzarote, « ne supportant pas la solitude », dit-il. J'avoue être un rien surpris. Sans attendre, il vend son bateau, repart en Himalaya à la conquête d'un quatrième Everest !

Nabil Amra, 42 ans, est palestinien. Né aux États-Unis, il travaille comme agent de change dans le Minnesota, a découvert la voile cinq ans plus tôt mais n'a pris que quelques minutes, au terme de la lecture de *La Longue Route* de Moitessier, pour s'inscrire en bonne et due forme. Nabil est un peu perché, mais sympa en diable et bourré de convictions. Non seulement il souhaite honorer son père, ancien lieutenant dans la marine US, mais il veut aussi prouver que les Palestiniens vivant sur le littoral n'ont pas d'accès à la mer : « Les plus grands marins issus de mon pays sont enfermés à Gaza, et je veux hisser leur drapeau. » Lui non plus n'ira pas très loin : en butte à des problèmes de régulateur d'allure, il jettera l'éponge après dix-sept jours de mer, aux Canaries.

Antoine Cousot, 47 ans, et Loïc Lepage, 63 ans, sont les autres concurrents français. Tous deux ont beaucoup bourlingué comme convoyeurs professionnels, et se sont aussi nourris des récits de leurs aînés. Avec sa coque vert pomme, *Métier Intérim*, le ketch d'Antoine, ne passe pas inaperçu. C'est un Biscay 36 construit en 1975, intégralement reconditionné. Loïc a choisi un Nicholson 32 MK XI dessiné par Peter, le plus jeune fils du célèbre architecte naval Charles Nicholson. *Laaland*, plus petit bateau de la flotte, ne mesure « que » dix mètres, mais sa réputation de robustesse n'est plus à faire.

J'aime beaucoup l'histoire d'Abhilash Tomy. Commandant et pilote dans la marine indienne, il a déjà effectué un tour du monde sans escale au départ de Mumbai, et est considéré comme une légende dans son pays pourtant si peu tourné vers la voile. À 40 ans, Abhilash a décidé de partir sur une réplique de *Suhali*, le ketch que menait Robin Knox-Johnston il y a cinquante ans, et qui avait été construit en… Inde. *Thuriya*, son voilier, est néanmoins conçu selon une technique de fabrication moderne en bois-époxy et matériaux composites. Avec ce choix audacieux en hommage au premier vainqueur, Abhilash symbolise à merveille l'esprit de la Golden Globe Race.

Enfin, j'ai un petit faible pour la Britannique Susie Goodall, 29 ans, benjamine et seule femme de la course. Monitrice de voile, elle baigne dans le nautisme depuis son plus jeune âge et part sur *DHL Starlight*, encore un Rustler 36. Elle pourrait être ma petite-fille…

Les Rustler sont majoritaires. On en dénombre pas moins de six sur la ligne de départ, tous semblables sauf le mien avec son mât un peu plus court. Je suis rassuré sur mon choix même si j'ai, un temps, hésité avec le Gaïa 36. Seul le Finlandais Tapio Lehtinen a opté pour ce bateau plus rapide sur le papier mais sans doute aussi trop surchargé, donc lourd et bas sur l'eau.

Le 1er juillet, fini les inventaires et les tours d'horizon : il faut y aller ! Le temps est splendide, le vent mollasson et la houle légère. C'est le plein été. Sur la grande plage, on distingue plus de serviettes que de sable ! Après un départ poussif, il faut tirer des bords avec le vent dans le nez. Les marins aiment à rappeler que, face aux éléments, c'est deux fois la route et trois fois le temps ! En résumé, on doit zigzaguer pour aller d'un point à un autre, rallongeant et la route et le temps. Je vérifie à nouveau l'adage.

La sortie du golfe de Gascogne est difficile, et pas très rigolote. Dans les petits airs, je suis légèrement handicapé par rapport à mes adversaires qui ont choisi de partir avec un mât plus grand, et donc plus de chevaux dans leur « moteur » à voile. Le surlendemain du départ, je croise un cargo, le *Forban*, qui me donne ma première position. En général, pour ne pas rentrer dans des discussions sans fin du genre « je dispute une course à l'ancienne sans moyens modernes de positionnement, etc. », je précise juste que je suis en panne de GPS puis note ma position en latitude et longitude que je compare avec mon estime. De temps à autre, cela m'évite les fastidieux calculs de visées au sextant.

Il y a un trafic maritime intense au nord de l'Espagne, sur la route des cargos. Sur ma carte routière du SHOM qui sent encore le neuf, je veille à m'écarter du DST (Dispositif de séparation de trafic) noté en rose hachuré sur la carte. C'est l'« autoroute » des navires de commerce. Le 4 juillet, un bateau allemand à qui je demande sa position me répond illico : « C'est marrant, il y a un gars qui vient de me faire la même demande. » En fait, c'est Mark Slats qui, comme moi, voulait vérifier si son estime était correcte. Il me précède. J'ai vite la confirmation que ce Hollandais de 42 ans, né à Darwin en Australie et qui a quatre ans de moins que mon fils, va être un sérieux concurrent. C'est une vraie armoire à glace. Il fait quasiment une tête de plus que moi pour au moins 120 kilos de muscles ! J'ai l'impression d'être un gringalet malgré mon 1,87 mètre et mes 90 kilos ! Ancien champion de kick-boxing, il s'est offert avec ses gains un voilier de 46 pieds et a déjà fait un tour du monde en solitaire... du moins presque, puisqu'il avait embarqué son chien !

Mark, qui a décroché tardivement un bon sponsor – Ohpen – lors d'une rencontre fortuite, dispose d'un team manager et d'une équipe pléthorique de préparateurs. Son bateau, comme le mien, est un Rustler 36, plus âgé mais plus toilé. Aux Sables, en observant son bateau, je me suis vite aperçu qu'il avait le profil d'un potentiel gagnant. Rançon de la jeunesse, Mark comme Philippe ont dû effectuer un stage de navigation astronomique pour apprendre à se servir d'un sextant, alors que moi, je suis familier de cet instrument depuis que je suis moniteur d'école de voile, soit plus de quarante-cinq ans. Mais je ferai quand même une petite révision avec un spécialiste.

11

L'effet Bardiaux

Depuis que j'ai dévoré son livre *Aux 4 vents de l'aventure* en 1958[1], il est mon idole absolue. Sa personnalité m'a marqué, son exemple a influé sur certains de mes choix de vie. C'est indéniable, évident. Je n'ai que 13 ans lorsque j'entends pour la première fois parler de lui, et je m'identifie dans l'instant. Marcel Bardiaux est né loin de la mer, à Clermont-Ferrand, ville ouvrière d'Auvergne et patrie des usines de pneumatiques Michelin. Privé de son père, tué quelques jours avant l'armistice de la Première Guerre mondiale, et de sa mère, incapable de l'élever seule, il s'est retrouvé à l'orphelinat à l'âge de 8 ans. De son enfance malheureuse, il a hérité une volonté farouche et une énergie sans

1. Éditions Flammarion.

pareille. Rien ne l'arrête, pas même la construction d'un bateau en solo en pleine guerre ou le transport de son lest dans une carriole attelée à sa bicyclette !

Il m'impressionne. Marcel Bardiaux est en prime un globe-trotter infatigable. Son bateau l'autorise non seulement à franchir les océans, mais lui permet d'aller au-devant des populations les plus diverses, à la découverte de mondes inconnus. Ce qu'il veut, c'est voyager, voir du pays, aller à la rencontre des autres. Sa vie me fait rêver, moi qui chaque soir rentre chez mes grands-parents ou mes parents sans la moindre chance de m'échapper vraiment. Je m'imagine découvrir le monde à sa manière. Ce que j'admire aussi chez lui, c'est sa détermination. Il se fixe un but, il l'atteint. Il ne va pas, comme beaucoup d'autres, là où le vent le pousse mais à l'endroit où il a décidé d'aller. Quoi qu'il advienne, quoi qu'il en coûte. Le fait qu'il voyage en solitaire fascine ses interlocuteurs à l'escale, ajoute à l'accueil ou à l'hospitalité qu'on lui réserve. Bardiaux en use et en abuse parfois.

En 1950, cinq ans après la fin de la Seconde Guerre mondiale durant laquelle il a été fait prisonnier, s'est évadé puis a été repris, il part pour un tour du monde. Et quel tour du monde ! Huit ans de bourlingue, trois cents escales au total. À mes yeux, Bardiaux représente une sorte de Superman marin, un véritable personnage de roman, dur au mal, bourru, d'une résistance physique à toute épreuve. Quand il franchit le cap Horn contre les vents dominants en plein hiver austral, la performance m'apparaît ahurissante. Il n'a pas peur de naviguer ainsi une semaine durant si nécessaire. Une seule chose l'arrête en définitive : une jolie et frêle silhouette ou un frais sourire, et ça non plus n'est pas pour me déplaire…

Son monocoque rustique en bois mesure 9,38 mètres et se nomme *Les 4 Vents*. Soit il est masochiste, soit il est fou, soit il est un peu les deux ! Il poursuit son périple sans l'air d'y toucher, remplit la caisse de bord en acceptant une foule de petits boulots, s'amuse, se disperse… Au préalable, il avait aussi effectué un tour de l'Europe de près de 25 000 milles (46 300 km) à bord d'un canoë à rames et repris à son compte l'antique méthode de l'esquimautage jadis mise au point par les Inuits[1]. Vraiment, ce type est impayable.

J'ai 14 ans et découvre pour la toute première fois le Salon nautique, encore installé sur les berges de la Seine. Au bord de l'eau, le spectacle est magique. J'ai l'impression que la mer vient à moi. Je déambule seul au milieu des bateaux posés sur l'herbe. Contemple un Vaurien puis un Requin en

1. Technique pour redresser sans l'aide de quiconque un kayak chaviré.

bois dont la carène possède une ligne parfaitement dessinée. Mais ce n'est pas tout: je déniche un petit voilier habitable de 5,50 mètres baptisé Corsaire, transportable, doté de deux couchettes, encore plus attrayant. C'est là que je tombe pour la première fois en arrêt devant ce joli croiseur dont les vernis me font rêver. Déjà je m'imagine lever l'ancre et partir explorer les rivages lointains.

J'envie ces exposants au teint hâlé et aux mains rêches qui, quand ils ne sont pas dans leur atelier, testent leurs inventions sur l'eau dès que nécessaire. Trois ans plus tard, victime de son succès, le Salon déménagera et s'installera au palais des expositions du Centre national des industries et techniques à la Défense, le CNIT, à deux pas du domicile familial. Chaque mois de janvier, le Salon devient une habitude. En danseuse, je grimpe la côte qui mène à l'esplanade où trône cette gigantesque voûte de béton armé de plus de 22000 mètres carrés, inaugurée par le général de Gaulle. Ce matin-là, je remarque une queue disciplinée qui s'étire devant une table couverte de livres et un homme appliqué à les dédicacer les uns après les autres. Marcel Bardiaux en personne!

Il est comme je l'imaginais, plutôt beau gosse avec son cou de taureau, ses muscles rebondis, son regard à la fois clair et déterminé. Évidemment, son livre, je l'ai, il est chez moi. Qu'à cela ne tienne, je ressors immédiatement du CNIT, négocie avec les contrôleurs la possibilité de rentrer à nouveau et saute sur mon vélo. Je suis tellement excité que j'ai l'impression de disputer un contre-la-montre du Tour de France. Je fourre le livre dans un sac et avale aussi sec les quelques kilomètres qui me séparent de la Défense.

Enfin arrive mon tour. Je tends mon livre comme si je proposais un saint sacrement. Mon mentor, mon maître lève un sourcil, me toise et, à ma grande surprise, bougonne l'impensable : « Désolé, mon p'tit gars, je ne dédicace que les livres que je vends, pas ceux que l'on m'apporte ! » Patatras ! Défait, trahi, je fais demi-tour, assez lentement pour l'entendre aggraver son cas : « Mais si tu adhères pour deux ans à l'association des Amis de Marcel Bardiaux, tu recevras tous les trimestres mon bulletin… et je dédicacerai ton bouquin ! »

Je connaissais l'immense marin solitaire qui assure avoir tout appris à Moitessier, mais je découvre aussi, à cet instant, un parfait petit apothicaire mercantile à souhait. Je suis déçu mais pas découragé. Je fais mes comptes, rassemble mes quelques francs, adhère et repars avec mon exemplaire… dédicacé en bonne et due forme. Après tout, je me fiche de le savoir vénal, pétainiste, égocentrique et en révolte permanente contre la terre entière. Quelques mois plus tard, quand je reçois son bulletin, toutes affaires cessantes, je me plonge dans sa lecture. C'est bourré de conseils techniques précieux et d'astuces pour la navigation en solitaire et en croisière. Je me rendrais compte plus tard combien cet exemple sera déterminant pour moi.

Bien des années après, j'évoque Bardiaux avec Odile, ma compagne. À l'époque, il vit seul à Nantes sur l'Erdre à bord d'*Inox*, un robuste monocoque de 15 mètres. Un coffre-fort portant bien son nom, transformé en librairie et croulant sous ses livres, qu'il vend tant qu'il peut. Alors qu'elle fait son footing sur les berges du fleuve, elle tombe sur ce bateau dont je lui ai tant parlé. Il y a un petit panneau : « Pour me voir, sonnez ici ! » Elle se présente, dit qui elle est, que nous avons des amis communs à Newport… Bardiaux lui propose de monter à bord, l'invite à boire un verre et lui offre un livre dédicacé consacré… à ses nombreuses conquêtes partout où il a jeté l'ancre. Quand elle part, il ajoute : « Il a bien de la chance celui qui vous attend. »

Je découvre une autre face de ce personnage et ses exploits sexuels qui ne manquent pas de sel. Je suivrai encore, avec assiduité, ses ultimes aventures maritimes, parfois rocambolesques, jusqu'à sa mort, à l'âge canonique de 89 ans et au terme d'un périple global de près de 400 000 milles qui l'a mené sur toutes les mers du monde. Un an avant qu'il rencontre Odile, il avait effectué une quarantième et dernière traversée de l'Atlantique. À 84 ans, il ramène en plein hiver son voilier de Halifax en Bretagne, affronte une terrible tempête et des vents de plus de 70 nœuds. Lors d'une manœuvre, il est projeté à la mer, mais parvient miraculeusement à se saisir d'un bout, puis remonte à bord. Après trente-trois jours de tourmente, il touche enfin terre. Dire qu'à 8 ans les médecins l'avaient donné pour mort ! Je repense à ces photos de lui en tricot sans manches où on le voit faire des tractions ou le cochon pendu le long des haubans en guise de gymnastique quotidienne. On m'a parfois comparé à lui, en moins caractériel. Ce qui est certain, c'est que je ne peux m'empêcher de relever nombre de similitudes entre nous, comme ce goût immodéré pour les tours du monde sur des bateaux robustes et ascétiques... Notre propension à jouer les moines-soldats ! Ce rapprochement ne me gêne absolument pas, bien au contraire.

J'assume aussi d'être traité de « M. Tout-le-monde » ou d'homme « normal » selon la formule attribuée au Président François Hollande... car je le suis. J'ai peut-être un peu plus de volonté que certains, mais j'ai surtout la chance d'être optimiste et en pleine santé, deux cadeaux du ciel qui n'ont pas de prix. Souvent, je me demande si ça ne vient pas de mes difficultés pendant les premières années de ma vie. Mais j'avoue aussi être raisonnablement

« sérieux ». Je bois peu, ne fume pas et fais du sport. En plus du vélo, j'ai beaucoup joué au foot puis au tennis avant que mes genoux me trahissent... Au tennis, je palliais mon style peu académique par une farouche envie de gagner jusqu'à la dernière balle du dernier set. Mais allez savoir, il y a des gens sains qui succombent à une crise cardiaque ou meurent d'un cancer. La vie n'est pas très juste à ce niveau-là. J'ai clairement tiré les bonnes cartes !

12

S'installer dans la routine

En ce début de course, nous échangeons très peu entre concurrents. Une heure de rendez-vous par BLU a été fixée. Nous confrontons nos positions, papotons en anglais, évoquons la pluie et le beau temps. Du beau temps, pour l'instant, j'en ai à revendre. Il y a si peu d'air que je suis contraint, comme tout le monde, de mettre le moteur. Philippe et Mark sont un peu devant moi, mais pas loin. Je note dans mon journal de bord : « Passé la nuit à la barre. Vitesse inférieure à 4 nœuds. ÇA M'ÉNERVE !!! » Pour ne rien arranger, je déchire légèrement mon spi en le ramenant sur le pont. Je m'en veux de cette bêtise vite réparée.

Les premiers jours, manquant de repères, je passe par moments dix heures de suite à la barre, avant de m'écrouler. Je réduis la toile, puis vais me coucher.

Surprise : le lendemain, je me rends compte que j'ai parcouru 75 milles, soit plus de milles la nuit sous pilote automatique que la veille rivé à mon poste de barre. C'est assez décourageant, mais la leçon mérite d'être méditée.

Ma journée type pendant la descente atlantique est immuable. Je me lève avec les poules et avec le soleil... Je fais un tour complet du bateau afin de vérifier si rien d'inattendu ne s'est produit au cours de la nuit. Puis je prends mon petit déjeuner : thé, six biscuits LU, beurre en boîte. Durant les 211 jours de ma circumnavigation, je n'ai jamais dérogé à la règle essentielle du « petit déj », sauf le jour de l'arrivée ! Ensuite, si le vent porte et que je suis sous spi, j'attrape ma casquette puis m'installe à la barre. Si le ciel est clair et sans gros nuages, une « opération sextant » s'impose sur les coups de midi. Avec, là encore, un processus millimétré à la clef. D'abord viser le soleil puis déterminer ma position en additionnant distance zénithale et déclinaison de l'astre. Pour la longitude, je m'y prends généralement une heure trente à deux heures avant la culmination. Quand le soleil est plus haut et qu'il monte très vite, trois quarts d'heure suffisent.

Les sextants sont des appareils de haute précision, mais ils sont extrêmement fragiles. Il convient de les ménager. D'ailleurs, ils dorment le plus souvent dans des coffrets en bois comme des bijoux dans leur écrin. Pendant que l'eau chauffe dans la bouilloire pour réhydrater mon plat lyophilisé, j'effectue souvent deux ou trois visées afin d'obtenir un résultat encore plus précis. Après avoir fait mes calculs, noté ma position sur mon cahier et sur la carte, je pique un roupillon d'environ une demi-heure. Systématiquement, je m'allonge sur la couchette située au vent, calé par une toile antiroulis tendue avec soin afin d'éviter que j'échoue au milieu du carré.

En réalité, les journées passent vite. Nettoyage, bricolage, rangement : je suis rarement inactif, mais jamais pressé. Sur un bateau aussi lent, l'affolement n'est pas de mise. Encore un peu et je vivrais au ralenti. Même quand je prépare mon repas puis déjeune, rien ne m'oblige vraiment, rien ne me contraint à regarder ma montre. Après ma sieste, je prends même le temps d'aérer le matelas de ma couchette souvent humide. Je n'ai pas de « check-list » établie, mais je vérifie tout consciencieusement sur et sous le pont, du mât aux voiles, du pilote au moteur. Je ne parle pas à mon bateau, mais à moi, oui. Je m'engueule parfois quand je rate une manœuvre, quand je perds l'équilibre. « P… tiens-toi VDH ! » Un empannage sous génois tangonné[1] prend non

1. Sorte de perche permettant d'écarter un spi, un génois ou un foc au vent arrière.

seulement du temps – près d'une demi-heure au bas mot – mais la manœuvre, suivant la nature de la mer, peut aussi virer à l'exercice d'équilibriste.

Dernier rituel : avant la tombée de la nuit, au coucher du soleil, je dîne, toujours en prenant mon temps. Ce sont vraiment les trois repas qui rythment mes journées. Ensuite, juste avant l'« extinction des feux », je mets toujours un peu d'ordre dans le cockpit le plus souvent jonché de bouts et de cordages qui ressemblent à un entrelacs de nouilles géantes. Autant déblayer le terrain et dégager le champ de manœuvre ; la nuit, il n'est jamais très bon de se prendre les pieds dans quoi que ce soit… Dernier coup d'œil sur le compas éclairé en rouge sur son linteau de bois, puis au lit ! Je ne me mets pas en pyjama bien sûr, mais je ne dors jamais en ciré. Le matelas et le duvet sont déjà bien assez humides comme ça. J'accroche ma lampe frontale à proximité et je m'endors très vite. Si le temps est mauvais, et si je dois rester habillé – bottes et cirés – afin de pouvoir intervenir rapidement sur le pont, alors je m'allonge à même le sol dans le carré, sur les sacs à voiles et les spis. Ce n'est certes pas un lit cinq étoiles, mais au moins je suis calé sans risque de valdinguer à travers l'habitacle.

Quand il est impératif de me réveiller, je programme mon vieux réveil Jaz mécanique – bleu Alpine – sur 1 h 30… mais, la plupart du temps

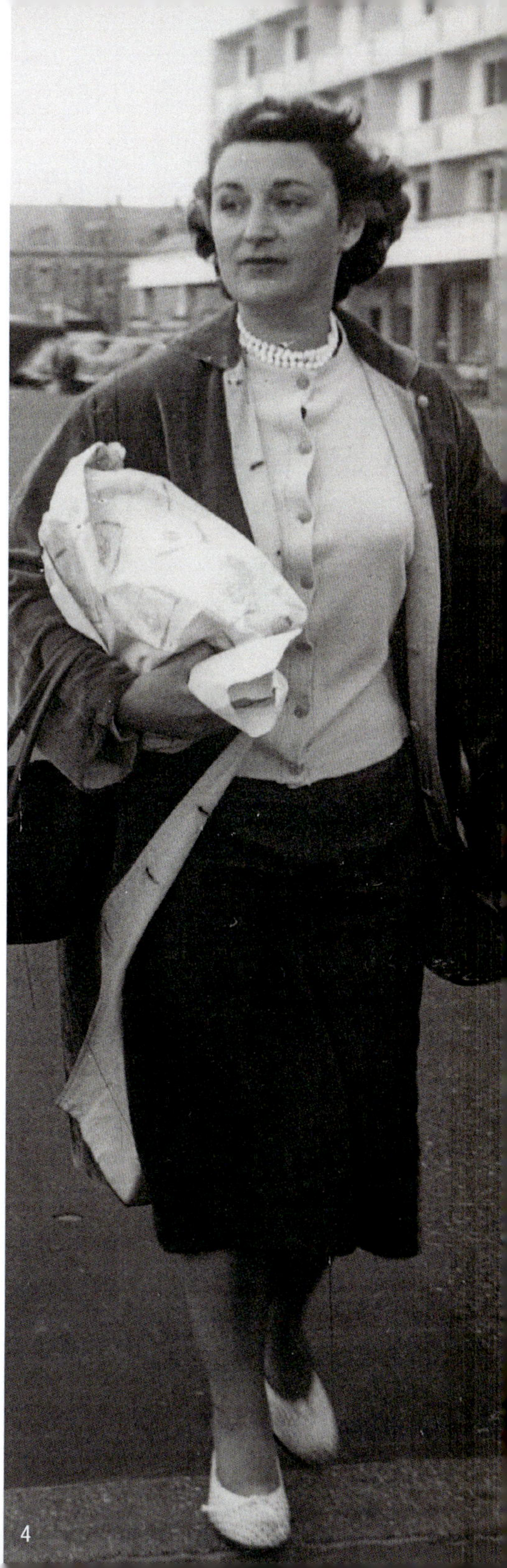

1. Mes débuts dans la chanson. J'ai 6 ans.

2. Avec ma grand-mère maternelle à l'âge de 8 ans.

3. Avec mon grand-père maternel à l'âge de 10 ans.

4. Ma mère, toujours très distinguée.

1. À Berck, pêche à la crevette.

2. J'ai 16 ans et suis « pion » au collège ! (en h. à g.)

3. À mobylette en 1962… et sans casque !

4. Premier stage aux Glénans à 18 ans.

5. Je suis gardien de but de l'équipe du Racing en junior (3e en h. à dr.).

6. En forêt avec mes enfants Élisabeth et Éric.

6

1. Le Muscadet avec lequel j'ai disputé la 1re Mini Transat en 1977.

2. Passage du cap Horn lors du second Vendée Globe en 1992.

3. 36-15 Met, le plan Harlé-Mortain avec lequel je termine 3e du premier Vendée Globe en 1990.

4. Je viens de m'échouer en Australie lors du BOC Challenge 1994... Mais je réussirai à repartir pour finir deuxième de cette étape.

3

4

1. La table à carte en bois massif de mon bateau où j'ai passé 211 jours.

2. Premier repas à terre après ma victoire avec Odile, ma compagne, et Lionel, mon préparateur.

3. Concentration permanente dans les mers du sud lors de la Golden Globe Race.

4. L'arrivée au ponton des Sables d'Olonne, et la joie de la victoire !

Mon vaillant Rustler 36 le matin de l'arrivée au large de la Vendée.

je me lève avant qu'il ne sonne. Ce n'est pas plus mal, car il réveillerait un mort ! Machinalement, je vérifie si le cap est normal, saisis les solides mains courantes en bois de la descente, grimpe les trois marches escarpées jusqu'au cockpit, puis jette un œil sur le régulateur d'allure, les voiles, le mât. Un rapide tour d'horizon sur l'état de la mer s'il fait mauvais, et quand tout est OK, je me recouche pour une nouvelle tranche de sommeil de 60 à 90 minutes. C'est très important de vérifier régulièrement le cap car, si le vent tourne dans une autre direction, le bateau tourne de la même façon puisque le régulateur d'allure fonctionne avec le vent.

J'ai photocopié toutes les cartes et les positions quotidiennes de Bernard Moitessier lors du premier Golden Globe de 1968-1969 et les ai collées sur les dernières pages de mon journal de bord. Cela me permet de situer ma progression par rapport à la sienne au jour le jour. Malgré leur différence d'âge, nos bateaux sont restés proches en performance. Un constat qui me rassure. Sachant que Bernard menait *Joshua* à 100 %, j'en suis sûr, et n'oubliant pas que celui-ci était quatre pieds plus long que mon *Matmut* (40 contre 36), je trouve que je m'en sors pas trop mal. Dans un petit carnet bleu préparé avant la course, je confronte tout ça à mes moyennes anticipées. Onze jours pour atteindre Lanzarote aux Canaries par exemple. Je suis dans les temps même si je dois programmer un ralentissement forcé d'une heure trente pour transmettre un film Super 8 et une bobine de photos 24 × 36 au comité de course, et même sacrifier, *in extremis*, à un petit entretien en « live ». C'est obligatoire pour tous les concurrents !

Je vire aux Canaries en troisième position quelques heures après Philippe Péché. Stupéfaction : j'apprends qu'il s'est trompé d'île dans l'archipel et que son avance de quarante milles a fondu. Le voici contraint de revenir en arrière pour reprendre la bonne route ! Preuve qu'il ne faut rien lâcher. Mark Slats est lui aussi freiné dans son élan. Il ne s'est pas trompé d'île, mais il met beaucoup de temps à localiser la bouée imposée par l'organisation. Je suis un compétiteur : peu importent les déboires de mes adversaires, je fonce ! J'étais un peu largué, mais ces boulettes accumulées par mes deux opposants me permettent de diminuer mon retard. En course, il n'y a pas de petits profits, il n'y a que des opportunités.

Chaque jour, je compare ma position à celle de Moitessier cinquante ans plus tôt. C'est plus fort que moi ! Au début de son tour du monde, soutenu par une météo idéale, le marin habité a avalé les milles avec un bel appétit. Il ne lui a fallu que dix jours pour rejoindre Lanzarote. Bernard était peut-être un peu rêveur, mais c'était aussi un marin sacrément motivé ! Je l'ai croisé à deux ou trois reprises et me souviens d'une anecdote savoureuse… Enfin, savoureuse, il faut le dire vite ! Toujours assez près de ses sous, avant son tour du monde, préparant son avitaillement, il avait écrit à un fabricant de nourriture pour chiens afin de lui proposer d'acheter cent cinquante boîtes du meilleur de sa production. À quoi le commerçant avait répondu que, même de bonne qualité, ses articles n'étaient pas destinés à la consommation d'un être humain. Apparemment, Moitessier s'en foutait, cette mixture ne lui aurait posé aucun problème…

Il avait aussi embarqué des sacs de riz de grande dimension, aliment de base dans son Indochine natale, beaucoup de café soluble et du tabac brun pour ses cigarettes qu'il roulait en coinçant la blague entre ses doigts de pieds. À tout prendre, je préfère de loin mes plats cuisinés : curry vert-volaille coco, paupiette de veau madère, sanglier cranberries, tajine de canard, carbonade de bœuf à la bière ou encore lapin chasseur… Je me suis certes embourgeoisé avec l'âge, mais j'avoue avoir eu mon compte de lyophilisés bourratifs lors de mes précédents tours du monde.

Inutile de brider davantage mon penchant épicurien ! J'insiste : prendre du plaisir à manger quand on est seul en mer, c'est crucial pour le moral. Et tant pis si Bernard aimait la pâtée pour chiens et si Robin Knox-Johnston faillit s'empoisonner avec du corned-beef avarié qu'il avait emporté en quantité industrielle (216 boîtes !). Passé Lanzarote, le vent monte en puissance et les vagues retrouvent leur raison d'être. Mieux, l'alizé qui s'installe à plus de 30 nœuds est vraiment costaud. Ça dépote ! J'ai rarement vu ça en cette saison. Je suis même obligé de diminuer ma surface de grand-voile et de rouler mon génois. Peut-être que je ne fais pas assez d'ouest, mais j'enchaîne les journées à plus de 160 milles. Aucune raison de pleurnicher. À la latitude du Cap-Vert, le soleil disparaît. Je garde ma polaire alors que nous sommes en plein mois de juillet. L'eau, comme une rivière sortie de son lit, envahit les passavants avant de se précipiter dans le cockpit. Parfois, un poisson volant atterrit sur le pont, battant des ailes, mais c'est rare. À part la température ambiante somme toute clémente et la tiédeur des embruns digne d'une douche à jet en thalasso, on se croirait dans les Courreaux de Groix au large de Lorient.

Ce Rustler 36 est vraiment un bateau bizarre. Il peine à dépasser les six nœuds et atteint très vite les cinq nœuds même quand le vent est faible. Il n'y a qu'au vent de travers qu'il donne toute sa puissance. Dans ces conditions, il m'arrive de faire des moyennes de sept nœuds. En revanche, quand le vent tombe et que je suis obligé de mettre le moteur, je ne dépasse pas les trois-quatre nœuds. J'ai mal aux bras, je m'ennuie, c'est l'horreur. Dans mon journal de bord, ma prose s'en ressent : « 23 heures. Ras le c... du moteur ! Toujours pas de vent. J'envoie le gennak et dodo ! 5 heures du mat, toujours pas un souffle d'air. Loch le matin : 1 117,5 milles alors que j'étais à 1 116 le soir. Sans commentaires ! »

Je suis à 12° nord et encore loin du pot au noir[1]. Outre les calmes, la plaie, ce sont les sargasses, ces immenses algues filandreuses qui flottent entre deux eaux, et qui, ces dernières années, ont proliféré de manière inquiétante. Est-ce dû à la pollution des océans ou au réchauffement climatique ? J'incline à le penser même si je n'ai aucune légitimité pour juger. Quand on traîne le loch derrière son bateau, un engin d'une précision étonnante, il est rageant de sans cesse rencontrer ces saletés. Elles sont visibles à l'œil nu, mais compte tenu de leur longueur, il est impossible de les éviter. C'est insupportable ! Jamais je n'en ai vu autant que durant ce tour du monde. Le lever de soleil qui pointe à l'horizon a beau être digne d'un Monet, je ne parviens pas à m'enthousiasmer.

Une vacation avec un radioamateur m'informe que je suis à portée de fusil des deux bateaux qui me devancent. Au moins, je n'ai pas souffert à la

1. Zone de convergence intertropicale de part et d'autre de l'équateur réputée pour ses calmes plats et ses grains orageux violents.

barre pour rien. Ma vraie crainte, c'est de me mettre à l'eau en tentant de me débarrasser des algues qui m'encombrent. Ça m'est déjà arrivé. En 1979, lors de ma seconde Mini Transat, englué au milieu de l'Atlantique, j'avais décidé d'inspecter ma coque. Pas un pet d'air, cinq mille mètres de fond. C'était tentant. Soudain en barbotant – je ne suis pas Johnny Weissmuller –, j'ai vu une ombre se dessiner à proximité. J'imaginais un requin sans doute, qui allait au mieux m'arracher une jambe ou me croquer un bras. Je suis remonté dare-dare, le palpitant à 200 et les genoux à moitié en sang.

Plus que l'ombre d'un requin, j'ai sans doute été perturbé par le reflet d'une voile. Il n'empêche. Cela m'a servi de leçon. Si d'aventure je dois intervenir sur la coque dans une zone inaccessible du bord, je dispose d'une combinaison de survie TPS Cotten et d'un youyou de plage gonflable acheté en supermarché. Deux précautions qui se sont révélées inutiles. Vérification faite, j'ai constaté que j'étais capable, mes pieds coincés dans les filières et mon corps penché de tout son long, de remettre un axe et une goupille sur la pale du régulateur d'allure. Certes l'exercice est épuisant, il scie les cuisses, agresse les lombaires, mais, bon, il m'a épargné de boire la tasse…

Je passe le pot au noir comme qui rigole. À croire que, cette année, ils ont décidé de le supprimer !

En revanche, je m'aperçois que les deux panneaux solaires de 100 watts sont hors service. Je suis en colère car ils sont neufs. Je me dis que si par malchance j'ai un problème dans le Sud avec mon hydrogénérateur, je suis foutu. Mais une bonne nouvelle me fait brièvement oublier tout ça : le 1er août, j'apprends qu'après un mois de course, je viens de prendre la tête. Yahou ! Je suis venu pour ça.

13

Indien et Pacifique rugissants

La solitude commence à me peser. Ce n'est pas le fait d'être en mer, j'aime évidemment ça. J'ai choisi mon mode de vie et je l'assume. En prenant le départ de ce nouveau challenge, je savais que ce serait long, très long. Non, ce qui me pèse, c'est la quasi-absence de contacts avec les autres concurrents. La flotte s'étale sur 5 500 milles, près de 10 000 kilomètres ! J'ai du mal à y croire. Les souvenirs de mes BOC Challenge et Vendée Globe sont si différents. Mes journées étaient rythmées par les vacations quotidiennes entre concurrents qui nous rassuraient, nous distrayaient, nous informaient. Là, rien, pas un échange ou presque. Je suis trop éloigné de mes adversaires pour espérer les atteindre grâce à ma BLU, et comme le téléphone satellite est proscrit, il ne me reste que le réseau des radioamateurs.

Un monde à part. On en compte près de trois millions de par le monde et treize mille rien qu'en France. Depuis le premier Vendée Globe, Claude me suit dès que je suis en mer. Il se fait seconder par Jean-Pierre et je sais aussi que Michel en Nouvelle-Calédonie est susceptible de prendre le relais. Mais j'aimerais que tout le monde bénéficie de la météo. Aussi, à ma demande, Jean-François va créer en parallèle l'association Terre et Mer qui trouvera des relais dans le monde entier pour nous communiquer les Navareas, les prévisions météo officielles que chaque pays est supposé diffuser sur les bandes marines. Les radioamateurs ne sont pas amateurs du tout – du moins techniquement. Ils exercent leur activité de manière désintéressée juste pour le plaisir. Ce sont souvent des Géo Trouvetou bienveillants, férus de technologie, rarement marins, titulaires d'une licence qui leur octroie un indicatif-mot de passe – FK8IK, F6AKP, F1EDG, CT7ANH... Pendant cette Golden Globe Race, ils sont avec le PC course notre seul lien avec le monde des terriens.

Hélas, à la suite de certains abus (le bulletin météo devenant trop précis et trop personnalisé), le recours aux radioamateurs sera probablement interdit lors de la prochaine édition de la course. L'intention de départ était pourtant bonne. On discute tous les jours et rien qu'en entendant la voix je sais que c'est Christian qui m'appelle du Portugal ou Jean-Pierre de France. Les codes et les procédures sont invariables. « 73 » signifie, par exemple, que ton interlocuteur t'envoie ses amitiés. C'est toujours très sympa. Ils ont souvent un temps d'avance sur le PC course qui se contente d'une vacation obligatoire par semaine. C'est ainsi que j'ai appris le démâtage dans l'océan Indien du Norvégien Are Wiig qui a réussi à regagner Cape Town sous gréement de fortune. Abhilash Tomy et Gregor McGuckin, qui luttaient pour la troisième place, ont eux aussi subi une terrible tempête le 21 septembre lors du 84e jour de course – vents de 70 nœuds et vagues de 15 mètres ! L'un et l'autre ont été malmenés simultanément par une déferlante, démâtant de conserve à environ 1 900 milles au sud-ouest de l'Australie.

Lors de son chavirage, Abhilash, officier de la marine indienne et pas vraiment novice, s'est grièvement blessé au dos. Son message à la direction de course était pour le moins préoccupant : « Retourné à 360 degrés. Démâté. Sévère blessure. Ne parviens pas à me lever. » Le code rouge a été déclenché et le MRCC[1] qui gère les secours en mer alerté. Les concurrents les plus proches sont également sollicités. Le Biscay 36 de l'Irlandais Gregor McGuckin,

1. *Maritime Rescue Coordination Center.*

situé à 90 milles au sud-ouest d'Abhilash, est lui aussi privé de mât, mais son skipper a pu mettre en route son moteur et infléchir sa route pour tenter de rejoindre le naufragé.

J'apprends qu'un patrouilleur français, l'*Osiris*, situé à 123 milles, tente également de retrouver Abhilash. Mais la mer est épouvantable, il ne marche qu'à quatre nœuds. Un avion militaire indien décolle de l'île Maurice et survole le voilier endommagé. Le gréement pendille le long de la coque. Le skipper immobilisé à l'intérieur éteint et rallume sa balise de détresse afin d'envoyer un signal de reconnaissance. Au moins est-on persuadé qu'il est en vie. Je manque de détails, de confirmations, mais peut-être est-ce mieux ainsi. J'apprendrai plus tard que deux autres avions décolleront de Perth et de La Réunion à la rencontre des deux naufragés, que la frégate *HMAS Ballarat* appareillera de Fremantle et qu'enfin la marine indienne déroutera plusieurs autres navires.

Transférés avec succès sur l'*Osiris*, les deux navigateurs seront finalement débarqués à Amsterdam, une petite île des TAAF (Terres australes et antarctiques françaises) à 800 milles au nord-est des Kerguelen, pour y recevoir les premiers soins médicaux. Ils sont sauvés ! Un nouveau radioamateur avec qui j'ai conversé lors de mon premier BOC m'apprend, dans un autre registre, que l'Américain

Istvan Kopar (il terminera quatrième de la course) a ravitaillé en eau un navigateur solitaire privé de réserves alors qu'il était à 3 000 milles de Perth ! Fort heureusement, la solidarité des gens de mer reste toujours d'actualité.

Ma crainte avant le départ de la course était de subir le très mauvais temps. Autant sur les 60 pieds Imoca modernes ou les maxi-trimarans, on peut éviter le plus gros des tempêtes en ayant assez de vitesse pour les contourner voire les devancer, autant sur ces bateaux d'un autre âge, il n'existe aucune échappatoire. Je l'ai vérifié, et quand je vois le nombre de chavirages, de démâtages et d'abandons qui ont alimenté la chronique de la course, je repense au fameux *Rollerball* de Norman Jewison qui, en 1975, mettait en scène une compétition par élimination pour le moins anxiogène.

Bientôt c'est au tour de Loïc Lepage de démâter, toujours dans l'Indien, toujours au sud-ouest de Perth en Australie. Lui qui voulait réaliser son rêve de boucler un tour du monde en voilier, le voilà contraint de poursuivre sa route sur un vraquier japonais de 175 000 tonnes à destination de Buenos Aires. Un peu plus tard, au cent cinquante-septième jour de mer, c'est la discrète Anglaise Susie Goodall, alors quatrième, qui perdra le contrôle de son voilier. Originaire de Falmouth, là où tout a commencé, elle navigue sur un bateau identique au mien, mais avec un mât plus allongé. En dépit de sa faible expérience du grand large, son début de course est remarquable. J'admire sa détermination et son ambition. Elle me rappelle les Anglaises Tracy Edwards, Ellen MacArthur ou Samantha Davies, des petits « bouts de femmes » incroyables de talent, d'énergie et de précocité. Quatre heures avant son violent chavirage, Susie était préoccupée : « Il y a 60 nœuds de vent et je prends des coups, je me demande vraiment ce que je fais ici ! »

C'est une question que tous les marins se posent à un moment ou un autre. Oui, qu'est-ce que je fais là alors que je pourrais être en famille, me balader à vélo, assister à une séance de cinéma ou passer une bonne nuit ? À 74 ans, j'avoue n'avoir toujours pas trouvé la réponse… « Démâté. Coque OK. Mon bateau a enfourné par l'avant et effectué un soleil. J'ai été projetée dans la cabine et j'ai perdu mes deux tangons. Rien pour faire un gréement de fortune. Le bateau est dévasté. Il me reste juste la coque ! » Le signal de détresse transmis par Susie est sans ambiguïté. Même si elle a sécurisé son bateau, même si elle ne réclame pas expressément les secours, il conviendra tôt ou tard de partir à sa recherche. La tempête redouble. La navigatrice ne peut que s'armer de patience. Elle sera finalement treuillée sur le cargo *MV Tian Fu* immatriculé à Hong Kong le 7 décembre.

Cela aurait pu m'arriver. Je ne cesse d'y penser. Je crois être le seul bateau dont la tête de mât est bien entrée dans l'eau et qui est encore en course. Quand je dis que j'ai une bonne étoile ! Susie est débarquée à Punta Arenas au bord du détroit de Magellan où l'attendent sa mère et son frère aîné. En mettant pied à terre, elle annonce d'emblée qu'elle reviendra sur la Golden Globe Race. Je suis estomaqué, mais bien placé pour savoir qu'il ne faut jamais renoncer.

14
La bonne étoile

Selon le Larousse, « la chance est une faveur du sort, l'issue heureuse de quelque chose, la situation favorable de quelqu'un ». La définition me convient. La bonne fortune m'a souvent souri. Mais je me dois de préciser aussi que je remplis deux conditions accessoires primordiales : un, je crois fermement en la chance, et deux, j'ai le sentiment que je sais la provoquer. Un exemple ? Nous sommes en 1988, à la veille de mon premier Vendée Globe Challenge. Je me suis lancé dans la construction d'*Éclipse*, un 60 pieds en aluminium dessiné par Philippe Harlé et son associé Alain Mortain. Pour rejoindre le chantier installé à Condé-sur-Noireau, il faut compter trois heures trente par la route depuis Lorient. C'est l'hiver. La chaussée est humide voire verglacée. Je n'aime pas rouler dans ces conditions, mais j'ai une réunion importante ce matin avec les frères Garcia, maîtres d'œuvre, et n'ai pas le choix. Arrivé au sommet d'une côte, entre chien et loup, je perds le contrôle de mon Opel break sur une plaque de verglas et dérape alors qu'un poids lourd arrive en sens inverse. Je contrebraque, frôle le mastodonte et termine dans le fossé. Je suis sain et sauf. Ma grand-mère maternelle m'a convaincu depuis longtemps : l'ange gardien existe bel et bien. Ce jour-là, en tout cas, il était de service…

J'ai rencontré plus d'une personne remettant en cause ma baraka à répétition, sans doute un peu jalouses de ma réussite et de ma joie de vivre. Personnellement, elle me va comme un gant. Après mon premier BOC Challenge sur *Let's go* en 1987, je rentre en convoyage de Newport avec mes fidèles amis Jean Lagüe et Eugène Doussal. Après un tour du monde, cette traversée de l'Atlantique Nord en plein été et à trois relève de la sinécure. Nous avons même trois jours d'avance sur les festivités d'accueil prévues à Locmiquélic, petit port donnant sur la rade de Lorient. Va pour un petit pèlerinage préalable aux Glénan, là où tout a commencé !

Cet archipel dans lequel l'eau est aussi claire que celle d'un lagon polynésien m'a marqué à vie. C'est là que j'ai tiré mes premiers bords en voilier habitable. Problème, je réalise que je n'ai aucune carte de détail. Le parcours du BOC passait par Le Cap,

Sydney et Rio, mais pas par les Glénan ! S'aventurer avec un bateau de course certes étroit – 2,55 mètres – mais ayant un tirant d'eau de 1,95 mètre dans cet endroit truffé de cailloux est juste inconscient. J'imagine mes proches et tous les copains apprenant qu'après un tour du monde complet nous avons mis *Let's go* sur les rochers et « écrasé des crabes » juste avant la fête. La mort dans l'âme, nous décidons de poursuivre notre route. Quelques heures plus tard, nous apercevons à la surface de l'eau ce qui ressemble à une carte marine. C'en est une. Incroyable, c'est justement celle des îles Glénan, référence 7252. Une carte du SHOM type L, qui ne se déchire ni ne se délave même totalement trempée. On pourrait croire que j'en rajoute, que j'exagère les situations. Demandez à mes copains, à mes proches. Les clins d'œil du destin, je connais, je n'ai jamais eu à m'en plaindre.

Mon morceau de bravoure ? Mon titre de gloire en matière d'aubaine miraculeuse ? Mon BOC Challenge 1994. Je viens de franchir le détroit de Bass entre l'Australie et la Tasmanie. C'est un endroit mal pavé, semé d'écueils, d'îlots rocheux. Il convient d'être vigilant. La traversée de l'Indien depuis l'Afrique du Sud s'est effectuée sur un rythme élevé. J'ai puisé dans mes réserves pour rester au contact des premiers, notamment de Christophe Auguin et de son *Groupe Sceta*. Le Granvillais file comme une balle, il vient de parcourir 350,9 milles en vingt-quatre heures – nouveau record pour un monocoque mené en solitaire – et se dirige vers la victoire d'étape.

Ce dernier tronçon pour atteindre Sydney s'effectue au près serré. Pour mieux m'abriter des courants violents qui descendent vers le sud, je décide de raser la côte australienne. Il ne me reste plus que 50 milles à couvrir, mais je pique du nez de plus en plus sous une chaleur accablante. Dans le cockpit et sous pilote, je pose ma tête sur mon bras, le coude sur un winch, et m'assoupis. Combien de temps, je ne sais pas. Ce que je sais, par contre, c'est que mon *Vendée Entreprises* est bel et bien en train de s'échouer sur une plage de sable blanc. Non, je ne rêve pas ! Dire que, quelques milles plus tôt ou plus tard, je me serais fracassé contre la falaise.

Couché sur le flanc, ballotté par les vagues, j'évalue la situation. Je suis à la fois furieux et vexé. La nouvelle de mon intermède balnéaire se répand rapidement. L'Américain Mark Schrader, directeur de la course, affrète un hélicoptère et vient me survoler, me demandant d'abandonner mon voilier. Je m'y refuse. Je suis incapable de faire le moindre diagnostic quant aux avaries sur ma coque, mais il est hors de question de ne pas tenter quelque chose. Des touristes par dizaines s'approchent du bateau. J'ai l'impression d'être le clou d'un spectacle à la Foire du trône !

Dans mon malheur, j'ai droit à un nouveau joker : je me suis échoué à quelques milles seulement d'une ville portuaire – Port Kembla –, j'ai donc droit à une aide extérieure sans être pénalisé[1]. Un surfeur me lance un bout relié à une puissante vedette de la police locale venue à mon secours. Mon bateau vibre, bouge… mais la remorque casse ! Il y a de plus en plus de badauds sur la plage. J'abandonne dans leur direction une vieille amarre afin qu'ils tentent de faire pivoter ma coque à la perpendiculaire des vagues. Le bateau des autorités remet ça avec un cordage de plus grosse section et en tractant plus doucement. La « baleine » échouée sur la plage daigne enfin flotter sur l'eau. L'inspection à suivre n'est pas rassurante. Ma grand-voile est en lambeaux, ma bôme de tape-cul – petit mât sur l'arrière – est cassée. Les fonds sont transformés en bac à sable, mais heureusement pas trop endommagés. Contre toute attente, j'ai sauvé mon bateau !

Une chaîne humaine se met en place. Plusieurs équipes d'assistance proposent leur aide. Lionel Péan, qui prépare la célèbre course en équipage Sydney-Hobart, me prête une grand-voile de rechange que des préparateurs qui se sont portés volontaires bricolent pour l'adapter au mât. Je

1. Le règlement stipule que l'on peut être aidé sans être pénalisé si l'on est à moins de 10 milles d'un port.

parviens à rallier Sydney en course en terminant… deuxième de l'étape. L'escale est certes le théâtre d'un vaste chantier, mais je vais repartir pour Punta del Este sur un bateau quasiment neuf. En l'espace de quelques jours, le cauchemar a pris des allures de conte de fées.

La chance se provoque. C'est sans doute aussi pour cela que je n'hésite jamais à tendre la main le cas échéant. Je me souviens du premier de mes six tours du monde en solitaire, en 1986, captant une vacation avec le PC course. L'appel provient d'un concurrent finlandais qui se plaint d'une grave infection au bras, et de l'absence de médicaments appropriés à son bord. Il se nomme Penti Salmi et navigue dans ma catégorie, en classe II. Inquiet, je propose naturellement de me dérouter. Alors que nous sommes à proximité l'un de l'autre, nous éprouvons beaucoup de difficultés à communiquer. Il ne parle pas la langue de Molière et moi pas celle de son pays. Comme son anglais est approximatif et qu'un dessin est souvent bien plus clair qu'un long discours, je sacrifie la carte postale d'une ravissante Brésilienne montrant ses fesses généreuses, scotchée au-dessus de ma table à cartes. Je dessine clairement l'endroit où il doit pratiquer son injection et balance le tout – seringue, antibiotiques, carte – dans un sac étanche sur le pont de son bateau. Neuf jours plus tard, il a retrouvé l'usage de son bras. À l'escale, il n'a pas de mots trop forts pour me remercier, même si je n'ai jamais revu ma carte postale !

La chance, l'entraide, l'échange, tout cela fait partie de mon vocabulaire de base. Un autre exemple ? En 2002, je prépare *Adrien,* mon nouveau bateau, et dois le doter de deux moteurs indispensables. Je tente ma chance auprès de Pascal Jamet, le patron de Volvo Penta France, sans trop y croire. À ma grande surprise, il accepte de me fournir les moteurs dans la minute ou presque. Par accès de générosité ? Parce que ma tête lui revient ? Plus simple : parce que lui aussi croit aux bonnes intentions. Même les plus anodines. « Vous vous souvenez de mon fils Romain ? » me demande-t-il. J'avoue, je sèche. Pascal Jamet se fait plus précis : « Un gamin qui, avant votre deuxième Vendée Globe en 1992, vous a envoyé deux Opinel par la poste pour que vous les emportiez autour du monde. Un pour vous, un pour lui ? » Je me souviens parfaitement ! Et des couteaux, et de la lettre, et de l'enveloppe matelassée. À l'issue de la course, terminée en deuxième position derrière Alain Gautier, je m'exécute et renvoie au jeune garçon son Opinel « tourdumondiste ». Je me remémore même avoir ajouté une carte où je précisais que mon exemplaire à moi m'avait notamment permis de couper du saucisson lors de mon troisième passage du Horn. Pas de doute : la chance, ça se provoque !

15

Étrange escale

Comme aux Canaries quelques mois plus tôt, les organisateurs de la Golden Globe Race imposent un stop aux concurrents à proximité de Hobart en Tasmanie. Bien sûr, pas question de mettre pied à terre ni d'être ravitaillé, mais, pendant un bref laps de temps, libre aux concurrents de sacrifier à quelques exercices de communication (entretiens express, dépôts de fichiers photo, etc.).

Longer la côte sud de la Tasmanie en direction de ce point de rendez-vous obligatoire est un pensum. Impossible de fermer l'œil, ni même de relâcher un tant soit peu l'attention. Le coin est piégeux, hérissé de cailloux innombrables, perturbé par des courants contradictoires. Un terrain de jeux pour marins expérimentés à l'image de l'enfant du pays, ce cher Errol Flynn, acteur et séducteur merveilleux, qui avouait sans rire que « les voiliers étaient les seules véritables épouses [qu'il ait] vraiment aimées au cours de toute [son] existence ».

Atterrir dans les parages, avec pour seul auxiliaire un sextant, est tout sauf une sinécure. La houle des mers du Sud est volontiers capricieuse, peu propice à « viser » l'horizon avec précision. Souvent la vague se dérobe, il convient donc de répéter plusieurs fois l'opération… Enfin j'aperçois le phare de Maatsuyker. Lui ne bouge pas et me permet de conforter mes calculs jusque-là aléatoires. Construit sur un îlot de 910 mètres, il en impose, tout comme le décor environnant, une succession de dents rocheuses plantées dans le dos de la mer au petit bonheur la chance. La plus imposante, située quelques milles plus au nord sur l'île De Witt, culmine à plus d'un kilomètre (1160 mètres) !

Désormais rassuré sur ma position, je fais route vers Whale Head (la pointe des Baleines). Pour remonter jusqu'à Hobart, j'hésite à prendre le canal d'Entrecasteaux. Ce nom bien français est celui d'un amiral qui était parti à la recherche de l'expédition de La Pérouse. Coïncidence étonnante : je suis précisément en train de lire les aventures de ce marin parti à la demande du roi Louis XVI cartographier les régions inconnues de l'océan Pacifique ! Depuis mon adolescence, la lecture ne m'a jamais abandonné : elle est pour moi source d'évasion et d'inspiration, je ne saurais m'en passer. En mer, à terre, j'ai toujours un livre à portée de main. Je l'avoue : il y est souvent question de bateaux, de voyages, de destins aventureux, mais pas seulement…

Après réflexion, je me persuade de ne pas passer par le fameux canal. Trop risqué. En cas de vents contraires, cet endroit mal pavé pourrait se transformer en enfer. Mon gymkhana est toutefois loin d'être terminé. En étudiant ma carte de détail, je me dis que passer entre Tasman Head et les îlots des Friars serait une bonne idée. Certes les risques ne sont pas nuls mais mon instinct de joueur commande. Aucun regret : le spectacle est une merveille, peut-être le plus beau qu'il m'ait été donné d'admirer au cours de ce tour du monde. Un panorama inoubliable. Une houle généreuse, musclée, régulière, précipitant les vagues sur les falaises avec un fracas et une puissance phénoménaux. Encore un peu et je me croirais à proximité des aiguilles de Port Coton sur la côte sauvage de Belle-Île !

Le goulet d'étranglement ne fait pas plus de cent mètres de largeur, mais je profite néanmoins de la situation, sans trembler ni m'affoler. Et pourtant, *a posteriori*, j'apprendrai que certains amis, qui suivaient ma route sur le tracker officiel de la course, crurent un instant que je m'étais bel et bien échoué sur les cailloux…

À peine suis-je rentré dans Storm Bay que le vent tombe en même temps que la nuit. Aujourd'hui, la « baie des Tempêtes » porte mal son nom. Plus un pet d'air, rien ! Juste le *teuf-teuf* de mon moteur qui perturbe le silence nocturne. Je me traîne à quatre nœuds entre plusieurs fermes aquacoles qui sont autant de pièges imprévisibles. Avec mon moteur et sans vent, je suis bien sûr vissé à ma barre. Le fond de l'air est frais et mon bonnet se révèle une fois de plus très utile. Un vrai fétiche, ce couvre-chef de style péruvien ! Depuis que Don MacIntyre me l'a offert en 1986, il a accompagné tous mes tours du monde. Au petit matin, j'aperçois un semi-rigide qui s'approche. C'est Lionel, mon préparateur, et sa compagne qui viennent à ma rencontre. Le fond de la baie et la belle plage qui la souligne ne sont plus très loin. Tout le monde est là : Don, Jane, Christophe Favreau le photographe, Aïda qui s'improvise journaliste. Le règlement prévoit que je m'amarre à une bouée, seul bien sûr, durant une heure trente au minimum.

Avec ma gaffe à la main, on pourrait croire que je viens m'installer pour une petite pause pique-nique. Ces retrouvailles rompent brutalement mon voyage en solitude. Mes sentiments sont mitigés, étranges, mais pas désagréables. Le changement de situation est pour le moins incongru. Il y a quelques heures encore, je n'avais rien à envier à un moine claquemuré dans sa cellule, et dans l'instant je me retrouve en visioconférence devant un public hétéroclite installé dans une salle de l'école des Pêches aux Sables-d'Olonne, à vingt mille kilomètres de là. Dans la foule, je distingue ma compagne, ma grande sœur, mes potes…

Odile porte le pull sympa que je lui ai offert, il y a pas mal de temps déjà. Je le lui fais remarquer, le satellite joue les intermédiaires avec un léger décalage. Elle ne comprend pas, je dois répéter, nos voix se chevauchent, tout le monde se marre ! Je l'avoue : le dérisoire de l'échange est assez surréaliste mais il est à l'image de la situation. Ou quand un marin solitaire coupé du monde pendant des semaines retrouve soudain les réalités du monde moderne…

Pour digérer toutes ces émotions, je m'accorde une petite heure de sommeil. Curieusement, je n'arrive pas à m'endormir. L'énervement sans doute, ces échanges amicaux certes bienvenus mais perturbants tout autant. Pas la peine d'insister : j'abandonne ma couchette, vérifie mon gréement, mon mât, mes drisses et mes haubans. Rassuré, je largue les amarres sous voiles et admire une dernière fois cette bulle paradisiaque où je reviendrais volontiers en croisière… Pas facile de s'en extraire : je passe l'après-midi et la nuit suivantes à tirer des bords. Enfin, je retrouve ma routine solitaire. Cap au sud.

La prudence me commande de passer très au large de la Nouvelle-Zélande comme l'avait fait Bernard Moitessier en son temps. Je me souviens très bien de ce passage de *La Longue Route*, de ses doutes accumulés et des dauphins accourus autour de son bateau pour le maintenir à distance de la côte. Je suis dans la même situation sauf que mon inclination joueuse me rattrape une fois encore : et si au lieu de suivre la même route je franchissais le détroit de Foveaux qui sépare le pays kiwi de l'île Stewart, là même où Yves Parlier avait joué les Robinson Crusoé lors du Vendée Globe 2000, reconstruisant seul son mât et se nourrissant d'algues séchées ?

Depuis mon premier stage aux Glénans, j'ai toujours adoré tirer au plus court au milieu des cailloux. Une question de principe : on gagne toujours à raccourcir sa route. En l'occurrence, cela me ferait gagner une dizaine de milles, ce qui n'est pas négligeable. Comme n'est pas désagréable la petite dose d'adrénaline que je récupère en prime ! La chance est avec moi : un cargo, passé à proximité, me confirme ma position avec précision. Je demeure vigilant, ne quitte pas ma barre, mais sous une belle lune, mes dernières appréhensions s'envolent. De tous les concurrents de la Golden Globe Race, je serai le seul à emprunter ce passage scabreux. Une parfaite mise en condition avant d'avaler l'infini Pacifique, le plus gros morceau de ce tour du monde, un monde à part, fermé, mystérieux, que l'on aborde toujours sur la pointe des pieds avec respect et humilité.

Chemin faisant, je suis surpris de voir très peu d'albatros, moins qu'à l'accoutumée. Peut-être parce que j'ai navigué beaucoup plus haut en latitude ? Peut-être parce que nous sommes en hiver pendant la période de nidification ? L'albatros est un oiseau extraordinaire qui m'a toujours fasciné. J'ai beau avoir observé des milliers de fois son fonctionnement, je me demande comment ça marche ! C'est un planeur fantastique, qui remonte au vent et profite des vagues. Les voir évoluer est un spectacle dont je ne me lasse jamais. Pas surprenant que Manfred Curry dans son livre *L'Aérodynamique de la voile*, véritable bible parue en 1925, fasse l'analogie entre les ailes d'albatros et les voiles de régate.

J'ai le souvenir, lors de mes précédents tours du monde, de journées sans un souffle d'air sur une mer d'huile, passant mon temps à jeter des bouts de fromage à des albatros eux aussi à l'arrêt. Ensemble nous avons passé des heures à attendre que le vent veuille bien nous aider à poursuivre notre route. La phase de décollage des albatros tient du film comique. Compte tenu de leur poids et de leur envergure, il leur faut de longues secondes avant de s'arracher à la surface de la mer. On dirait des

Canadair peinant à remettre les gaz juste après avoir rempli leurs soutes. J'adore ! Un ballet à la fois impressionnant et majestueux qui me remet systématiquement en tête le merveilleux poème de Charles Baudelaire, que j'ai jadis appris par cœur comme tous les écoliers de France.

J'ignore si le poète a navigué dans les quarantièmes – j'en doute ! – mais, l'espace de quelques vers, j'ai le sentiment qu'il a tout dit, du moins dans le contexte de son époque. Hier les albatros, chassés, parfois mangés, ne faisaient pas l'unanimité. Aujourd'hui, je ne connais pas un marin qui ne soit pas fasciné par la pureté de son vol.

« Souvent, pour s'amuser, les hommes d'équipage
Prennent des albatros, vastes oiseaux des mers,
Qui suivent, indolents compagnons de voyage,
Le navire glissant sur les gouffres amers.

À peine les ont-ils déposés sur les planches,
Que ces rois de l'azur, maladroits et honteux,
Laissent piteusement leurs grandes ailes blanches
Comme des avirons traîner à côté d'eux.

Ce voyageur ailé, comme il est gauche et veule !
Lui, naguère si beau, qu'il est comique et laid !
L'un agace son bec avec un brûle-gueule,
L'autre mime, en boitant, l'infirme qui volait !

Le Poète est semblable au prince des nuées
Qui hante la tempête et se rit de l'archer ;
Exilé sur le sol au milieu des huées,
Ses ailes de géant l'empêchent de marcher. »

Quelques jours plus tard, Don m'appelle sur le téléphone satellite. Je le sens inquiet. Il m'annonce une énorme dépression juste devant moi à proximité des îles Chatham, et me conseille instamment de la laisser passer. Ne pas tenter le diable !

Pour la première fois depuis le départ de la course, je vais volontairement ralentir (la mort dans l'âme) pendant une douzaine d'heures. Je pense avoir échappé au pire et m'en persuade. Pas pour longtemps…

16

Confessions, convictions 1

Depuis mon plus jeune âge, j'ai toujours eu un esprit de compétition bien affirmé. Je n'aime pas vraiment la fameuse maxime – qui n'est même pas de lui, je crois[1] – du baron Pierre de Coubertin : « L'important, c'est de participer... » Quand je jouais au foot, c'était pour l'emporter. Arrêter un tir dans la lucarne et faire gagner mon équipe m'importait plus que tout. Je ne prends jamais le départ d'une compétition si je n'ai aucune chance de gagner. Je comprends que d'autres puissent le faire mais ce n'est pas mon truc. À quoi bon disputer un match de tennis contre Nadal pour regarder passer les balles ?

Les cinq tours du monde que j'ai effectués en course – je ne parle pas de mon record contre les

1. Elle est d'Ethelbert Talbot (1848-1928), évêque de Pennsylvanie.

vents dominants –, j'ai espéré les remporter. Autant quand je suis en croisière, je vais réduire la voilure avant de passer à table, autant en régate, je me métamorphose en bête de course. Chaque seconde compte ! Si tu décides par exemple d'attendre dix minutes pour envoyer le spi parce que tu estimes ne pas être assez réveillé ou parce que tu préfères finir le chapitre du bouquin que tu es en train de lire, c'est du laisser-aller. Cette concession préalable va se répéter deux, cinq, dix, cent fois et, au bout du compte, tu vas passer deux semaines de plus en mer au minimum.

Si je dois me lever dix minutes après m'être allongé pour changer une voile car je sens que mon bateau le réclame, je n'hésite pas une seconde. Et si je suis fatigué, tant pis, je me reposerai plus tard. Durant toute la Golden Globe Race, je n'ai eu de cesse, même avec ma confortable avance, de peaufiner le moindre réglage, de vérifier que des algues ne s'étaient pas prises dans mon loch ou dans le safran du régulateur d'allure, d'avoir la toile correspondant parfaitement à la force du vent. Avec toujours le même objectif : progresser le plus vite possible vers mon but. Je ne m'attendais pas à de tels écarts, mais il est si simple, en solitaire, de parer au plus facile, de naviguer pépère, d'affaler le spi, d'abandonner le bateau au régulateur. Il m'est arrivé de passer dix heures de suite cramponné à la barre dans mon cockpit juste pour grappiller quelques milles.

En solo, tu n'as personne pour te « secouer », et donc tu dois veiller par-dessus tout à ne pas céder à un faux rythme. Parfois, cela nécessite beaucoup de volonté. Parfois, tu as envie de tout envoyer balader. Il ne faut pas s'étonner que les écarts aient été aussi importants sur cette course. Les bateaux choisis étaient lents, compliqués à manœuvrer et pas du tout conçus au départ pour la compétition. Des pièges qui aboutissent parfois à des moyennes désolantes. Raison de plus pour sans cesse garder à l'œil ses adversaires.

Je me souviens de mon amie Catherine Chabaud sur son 60 pieds jaune *Whirlpool-Europe 2* lors de la Route du Rhum 1998. Nous nous battions pour la deuxième place et nous avions subi une succession de dépressions. À la vacation, je l'entends confesser qu'elle est épuisée, à bout, prête à dormir un petit peu avant de remettre plus de toile. Forcément, cela m'a fait sourire car j'avais déjà renvoyé toutes mes voiles pour qu'elle ne me rattrape pas…

Je reconnais avoir une vision assez traditionaliste des bateaux de course. Cela vient peut-être aussi de mon âge ! Je me sens plus en adéquation avec des monocoques aux aménagements classiques faits de bois ou de contreplaqué. Je suis mal à l'aise dans des machines tout en carbone, dépouillées à l'extrême, qui se contentent d'un pouf que l'on déplace au gré des virements de bord, d'un écran d'ordinateur fixé sur la cloison avant, d'un clavier sans fil et d'un réchaud riquiqui.

Tous mes bateaux se ressemblent, avec une couchette de part et d'autre dans le carré, une toile antiroulis pour dormir calé, une belle table à cartes et une vraie cuisine. Pour la Golden Globe Race, je mangeais le plus souvent à la table à cartes ou dans le cockpit. L'avantage lorsque l'on est seul, c'est que personne ne vient te faire de remarques si tu décides de déguster ton petit plat à poil et assis sur les marches de la descente !

Je rencontre parfois des gens qui affirment que je leur rappelle Éric Tabarly. C'est une vue de l'esprit. La première fois que je l'ai croisé, c'était chez lui sur l'Odet dans les années 80. En grimpant sur son *Pen Duick*, Tabarly avait laissé échapper son aviron de godille. Poussé par le courant, il était passé à côté d'*Altaïr*, mon ketch du moment mouillé à proximité, et je l'avais récupéré à mon bord. Il était passé le rechercher sans tarder et nous avions échangé quelques mots. Quoi que l'on dise, je me suis toujours senti plus proche de la philosophie de Bernard Moitessier que du pragmatisme d'Éric Tabarly. À mes yeux, ce dernier était un novateur qui prenait des risques quand moi je suis plutôt conservateur et circonspect. J'ai évidemment lu tous ses récits, suivi ses extraordinaires victoires, notamment dans les Transats anglaises de 1964 et 1976. Mais contrairement à lui, je suis toujours parti sur des bateaux assez sages.

On m'aurait proposé une quille basculante pour le Vendée Globe, ou de construire un trimaran pour la Route du Rhum, j'aurais dit non. Je suis trop réfléchi, trop rationnel, et les bateaux coûtent déjà suffisamment cher pour que l'on s'abstienne de rajouter sans cesse des risques à ceux qui s'imposent déjà naturellement.

Michel Adrien, qui a financé en grande partie mon énorme monocoque éponyme pour le Global Challenge – le tour du monde à l'envers –, a toujours été plus intrigué par l'argent que je n'avais pas dépensé que par celui que j'avais réellement déboursé. Même avec un budget conséquent, il ne m'est jamais venu à l'idée de surenchérir avec des trucs non indispensables. Par contre, j'ai bossé dur pour m'offrir mes bateaux ! Quand j'étais prof, j'avais deux budgets parfaitement distincts : un familial et un perso pour le bateau. Ce que je gagnais en école de voile, par exemple, allait directement dans ma cagnotte. J'ai longtemps travaillé au port de pêche de Lorient tout en étant enseignant. Je faisais les nuits, au cours desquelles je doublais quasiment mon salaire.

Socialement parlant, débarquer des tonnes de poisson n'était peut-être pas intéressant, mais c'était rentable ! Je n'avais qu'une trouille : que l'on me reconnaisse. Je commençais à être un petit peu connu dans le milieu de la course au large. Il aurait suffi qu'un gars ou un parent d'élève m'identifie et j'étais cuit. Pour mes voisins de corvée, un « voileux » ne pouvait être qu'un nanti toujours en vacances ou un bourgeois fils à papa... Quant à jouer les dockers, je remplissais mon rôle à fond, je ne faisais pas semblant.

Les types avec qui je travaillais au port de pêche n'avaient pas fait beaucoup d'études, mais cela ne me posait aucun problème. J'étais au même niveau qu'eux, « docker occasionnel ». Le boulot était non seulement physique, il fallait constamment être vigilant, mais en plus on ne te laissait rien passer. Quand tu étais affecté au « panneau[1] », mieux valait ne pas se planter ! Il y avait la pêche de plusieurs jours en fond de cale. Des odeurs de gazole tiède et de poissons parfois en état de décomposition avancée qui partaient aux farines animales. Depuis le pont, c'est toi qui guidais le grutier. Une opération délicate. Il suffisait qu'un ou deux poissons s'échappent du bac et retombent sur la tête des gars en bas pour se faire houspiller sérieux.

1. Trappe sur le pont d'un chalutier qui permet d'accéder à la soute.

J'ai vu un docker partir à l'hôpital avec un croc dans la gueule et un grutier alcoolisé qui avait failli être lynché. C'était vraiment des durs à cuire ! Ces « intermittents » étaient inscrits sur une liste. Si tu étais en centième position, tu n'avais pas de boulot, si tu étais soixante-quinzième, si. Au début, tu es en fin de liste, et puis tu grimpes au fur et à mesure que les types se font virer ou démissionnent car le travail est trop pénible. À la fin, je bossais deux nuits par semaine de minuit à 7 heures voire bien plus tard parfois, chaque dimanche et chaque mardi, car je n'avais pas cours le lundi ni le mercredi matin. Avant de partir au lycée, une bonne douche, et je changeais de métier ! Quand j'ai arrêté pour me consacrer à la course au large, c'est mon jeune frère Philippe qui a pris ma place bien située sur la liste, ni vu ni connu. Il me ressemblait comme deux gouttes d'eau et c'est passé comme une lettre à la poste.

Enseignant, je me « battais » avec mes élèves pour qu'ils écrivent noir sur blanc le cheminement de leur raisonnement plutôt que d'aller trop vite en voulant systématiquement ressortir des calculs qu'ils avaient faits de tête. Il vaut mieux prendre son temps et résoudre les problèmes un par un, aller au bout, plutôt que bâcler et avoir tout faux. Quand 2 x = 3, et x fait 3/2, il n'y a pas à lutter. C'est mathématique !

De toute façon, quelle que soit la matière, un prof est un acteur. Il doit non seulement intéresser ses élèves, mais les séduire, reprendre si ça ne suit pas, refaire si besoin, détendre l'atmosphère. Il faut être capable de captiver. C'est certainement mon côté cabotin, mais j'aime mettre une salle dans ma poche, l'émouvoir comme au théâtre, comme au concert... Si tu as la moindre faiblesse, tes élèves vont l'exploiter immédiatement. Ce côté séducteur m'a toujours excité quels que soient les lieux ou les circonstances. Je le revendique haut et fort.

Cela peut sembler prétentieux mais j'aime rendre les gens heureux. C'est dans ma nature. Je ne pense pas avoir beaucoup d'ennemis, je ne me fâche avec personne, et ça tombe bien, car j'ai horreur de ça. Je crois être tolérant. Bref, je trouve que le monde manque de tolérance. Lors de mon premier Vendée Globe, outre les récits de mes marins préférés, j'ai embarqué trois bouquins : la Bible, le Coran et les *Oiseaux de mer*. J'ai lu la Bible et le Coran de la première à la dernière ligne. C'était un Coran d'autant plus intéressant que le traducteur doutait, et notait dans la marge qu'il n'était pas certain de la véracité de sa transcription par rapport à l'original. Il avouait que parfois il interprétait, et ça me plaisait bien. En fait, j'avais envie de mieux comprendre cette religion, et dès que la course me laissait un minimum de temps libre, je me plongeais dans une sourate.

La Bible, elle, m'était plus familière, vu le grand nombre d'heures de catéchisme auxquelles j'ai eu droit en tant qu'élève. Elle m'a été offerte par mon copain Eugène Doussal, aujourd'hui ancien vicaire général en Seine-Saint-Denis. Je l'ai rencontré à l'école de voile de Lorient et j'ai effectué avec lui la fameuse transat en convoyage entre Newport et Lorient via les Glénan. Au fil des ans, il a baptisé tous mes bateaux de compétition. Une cérémonie à laquelle j'attache une certaine importance. Ce que dit Eugène est toujours émouvant. Il trouve les bons mots. Mais il n'a jamais cherché à me convertir ou à me convaincre pour autant. Sans doute suis-je trop rationnel pour croire en la vie éternelle. Être suprême ou big bang, c'est l'homme, me semble-t-il, qui est seul responsable de sa destinée. Je considère que nous sommes simplement « de passage ». Donc, je prends la vie comme elle vient, je profite de l'instant et me félicite de mes projets en cours. Je vis plus dans le présent et le futur que dans le passé. J'ai toujours eu des perspectives, des envies, des rêves. S'ils se réalisent – et c'est souvent le cas –, tant mieux. Si ça ne se fait pas, eh bien tant pis, je passe à autre chose.

17

Douzième cap Horn

Le 10 novembre, après cinq jours harassants passés à rafistoler mon mât, je commence à reprendre une route normale cap à l'est-sud-est. Je n'ai pas remis mon loch à l'eau et ne connais pas ma position précise depuis plusieurs jours. Pour tout arranger, comme le plafond nuageux est bas, je ne peux même pas faire un point astronomique. À mon âge, ce n'est pas la première fois que je me trouve dans cette situation. Pas de quoi paniquer, ni même gamberger. La route idéale vers le Horn est au 135, le vent mollit, je vais pouvoir enfin renvoyer un peu de toile. Je note : « Allez Jean-Luc, bouge-toi les fesses et monte encore une fois ! » Je dois me stimuler comme je peux, c'est tout de même la septième fois en un peu plus de quatre mois que je suis contraint à cet épouvantable exercice !

Je m'entends encore déclarer à Loïc Madeline, rédacteur en chef de *Voiles et Voiliers* venu faire un sujet à bord quelques semaines avant le départ : « C'est difficile sur un tour du monde de ne pas devoir monter dans le mât au moins une fois. Je me suis préparé à l'exercice, mais j'avoue que je n'aime pas du tout ça. » CQFD. Cette fois-là, j'y passe encore trois heures. Je réussis non sans mal à enlever les goupilles du ridoir[1] situé à l'extrémité du premier étage de barre de flèche puis à le revisser. Ouf, je n'ai pas fait à nouveau le singe pour rien, le mât n'est pas trop mal réglé et l'ensemble a l'air de tenir. Mes bras et mes jambes flageolent, je ne compte plus mes courbatures, mais tout va bien ! Ce qui m'inquiète surtout depuis l'Afrique du Sud, ce sont les renforts qui soutiennent mes barres de flèche et qui couinent sans discontinuer quand je suis aux allures portantes. À force, ils ont creusé le mât, et j'ai dû installer une espèce de palan constitué de cordages afin de tout bloquer.

Le 12 novembre, je traverse un nouveau front. Il y a 35 nœuds de vent et de la pluie à l'horizontale. J'ai sérieusement réduit la toile mais ne parviens pas à incurver ma route. La mer escarpée et une houle croisée malmènent mon bateau qui roule d'un bord

1. Tige filetée en acier permettant de tendre le hauban à la cadène fixée sur le pont ou à la barre de flèche.

sur l'autre, rendant la vie à bord pour le moins agitée. Encore un peu et je me croirais installé dans un punching-ball ! Qu'importe, l'essentiel est que je sois à nouveau dans la course. Enfin, le soleil revient. Je vais faire une méridienne à midi, remettre mon loch à zéro, et envoyer ma position comme le stipule le règlement. Je décide aussi de remonter encore une fois dans le mât afin de protéger par un gros ruban adhésif le brêlage[1]. Je sais trop bien que dans ces parages, les UV s'attaquent à tout et bouffent les cordages. Je croise les doigts pour que cela tienne le plus longtemps possible !

Nouveau coup de vent. La mer est vraiment horrible, et les vagues sournoises. Mais d'où viennent-elles ? *Matmut* est agressé tantôt sur le flanc, tantôt sur l'arrière. Faire un point sextant relève du grand prix de gymnastique, surtout qu'il est impératif d'être au sommet d'une vague pour voir l'horizon. Rien que descendre dans la cabine pour sortir l'instrument de son coffret puis le remonter sur le pont s'apparente à un exploit. Comme l'un des deux est bloqué par le sel, je n'ai qu'une hantise : fracasser celui qui fonctionne encore dans la descente ou sur une cloison et dérégler ses miroirs. Comme d'habitude quand mes batteries sont bien chargées, je décide de relever

1. Sorte de ligature permettant de consolider une pièce abîmée.

mon hydrogénérateur qui produit l'énergie grâce à la turbine immergée. Pourquoi n'y ai-je pas pensé plus tôt ? Une lame particulièrement violente a littéralement arraché le rail et brisé l'un des deux chariots qui le maintiennent fixé à mon tableau arrière. Déjà privé de mes panneaux solaires malgré deux petits de secours, je n'ai pas le choix : je dois réparer en mer.

Me voilà allongé, penché, dans cette position scabreuse que j'exècre. J'inspecte les dégâts et constate que le chariot cassé est le même que celui qui me permet de régler mes deux focs (génois et trinquette). Un échange standard s'impose. Du moins en théorie. L'opération, bien sûr, se révélera beaucoup plus complexe. Autant envisager de casser le mur de sa cuisine pour atteindre une tuyauterie défaillante sans laisser échapper la moindre quantité de plâtre sur le carrelage ! Une opération qu'il convient d'imaginer en plus dans un contexte hostile, un bateau qui bouge et une météo aléatoire…

Je bénis mes deux enfants Élisabeth et Éric de m'avoir offert pour Noël une Bosch 12 volts sans fil. Je perce consciencieusement mes trous. Écrous, billes de roulement, je ne dois rien oublier. Le pensum est interminable. Au bout de trois heures, je renonce et note : « Demain sera un autre jour. Le vent s'est un peu calmé mais pas la mer. Je n'ose pas accélérer pour le moment. Mieux vaut être prudent. » Dès le lendemain matin, je retrouve les bons gestes et parviens enfin à fixer ce satané chariot. Mon hydrogénérateur est à nouveau opérationnel.

Ma sagesse naturelle ne me met pas à l'abri de toutes les conneries de débutant. Une déferlante, une seconde d'inattention et je prends une des barres de protection de la capote en pleine figure. Dans le miroir, le résultat n'est pas beau à voir. Un boxeur saoulé par une belle droite ne serait guère plus fringant que moi. Si j'en crois mon livre de bord, j'encaisse plutôt avec philosophie : « Quel bonheur cette journée ensoleillée ! » Preuve que je suis déjà passé à autre chose. J'essaye de faire sécher ce qui peut l'être, mes gants de ski en particulier que j'utilise quand je passe de longs moments à la barre. Mon luxe suprême ? Ouvrir un sachet sous vide contenant un sous-vêtement neuf.

J'ai embarqué deux ensembles de cirés – salopette et veste – que j'utilise alternativement en prenant le plus sec des deux. Cependant, il me faut veiller à ne pas trop mouiller mes bottes, car je n'en ai qu'une paire : des Cotten basiques, au rapport qualité-prix imbattable. Je voulais partir avec des Le Chameau à guêtres – le top de la botte, utilisé par tous les concurrents de la Volvo Ocean Race ou du Vendée Globe –, mais ma pointure n'est pas disponible. Il faut dire qu'avec mon 47-48 fillette, je chausse un peu spécial. Même commandées presque un an à l'avance, le fabricant ne les a pas livrées.

Je suis en approche du Horn (par 56° sud et 70° ouest). La mer fume sous une succession de grains violents. Entre la pointe de l'Amérique du Sud et l'Antarctique, le passage de Drake nourrit une houle puissante qui, depuis l'Afrique du Sud, l'Australie et la Nouvelle-Zélande, ne rencontre quasiment aucun obstacle. Dans le jargon météo, on appelle ça le fetch. Les vagues ont cette teinte lugubre parfaitement raccord avec les dents acérées du cap. Je suis au portant quasiment à sec de toile, juste un « mouchoir de poche » à l'avant. À vue de nez, il y a entre 40 et 45 nœuds de vent, une houle que j'évalue entre 6 et 8 mètres, avec en prime une vague scélérate, de temps en temps, dépassant les 10 mètres !

J'ai juste déroulé un mini-bout de la trinquette dans l'axe et laisse le bateau en fuite. Depuis mon passage en 1992 dans le deuxième Vendée Globe, je n'ai pas souvenir d'un Horn aussi musclé. J'ai néanmoins décidé de m'approcher de la côte. Dans mon cahier bleu aussi humide qu'une serviette de toilette, je note : « Attention aux îles Ildefonso. » Heureusement, je dispose d'un sondeur électronique d'une grande précision qui détecte des fonds à plus de 300 mètres, ce qui est important quand on ne bénéficie pas de la position rassurante du GPS.

Nous sommes le vendredi 23 novembre au petit matin. C'est mon douzième cap Horn, le dixième en solitaire. Je suis largement en tête, et éprouve comme un sentiment de libération, difficilement descriptible, au terme de l'infini « tunnel austral ». Les larmes me montent aux yeux. Est-ce le vent ou l'émotion ? Ou peut-être le fait de me dire que c'est probablement la dernière fois que je le passe en course ? Forcément un peu des deux. Quel soulagement à chaque fois !

Lors de mon premier Vendée Globe en 1989, je rêvais de sandwichs. Là, je me satisfais de quelques rondelles de pain grillé et d'une bonne boîte de pâté Hénaff. Cela suffit à mon bonheur ! En attendant un bœuf-carottes à suivre, mon quart de camembert et quelques figues séchées font parfaitement l'affaire. L'assiette de fruits de mer, l'araignée, la viande saignante, les œufs à la coque, ce sera pour plus tard. Le soir, pour marquer le coup, ce sera une petite terrine préparée par ma belle-mère, du calamar confectionné par mon pote de Noirmoutier, le tout accompagné d'un parfait verre de bordeaux rouge. Je ne me plains pas. J'ai même embarqué une boîte de corned-beef dédicacée par Robin Knox-Johnston à n'ouvrir qu'en cas d'urgence ! Lui, en avait emporté deux cent seize et cent quarante-quatre de bœuf braisé… pour changer !

Cela fait cent quarante-cinq jours que je suis en mer. Il y a cinquante ans, pour atteindre le même point, Robin en avait mis quatre-vingt-six de plus et Armel Le Cléac'h à l'occasion du dernier Vendée Globe en 2016 quatre-vingt-dix-huit de moins. Je me situe dans une bonne moyenne, entre l'ancien et le nouveau monde. Mes impressions au Horn, c'est comme un millefeuille, j'en ai une quantité de saveurs et de goûts souvent très différents. Je l'ai même abordé pour de vrai. Le 1er janvier 2014, à l'occasion d'une croisière sur *Le Boulard*, sorte de Jeep des mers conçue pour naviguer dans ces contrées hostiles. Avec Jean le skipper, Odile, mes amis François et Gabrielle Marie et leur fils Benoît, vainqueur de la Mini Transat quelques mois plus tôt, nous avons débarqué et passé la matinée à fêter le nouvel an avec le gardien du phare, sa femme et son fils. C'est dire si je connais l'endroit ! Et ce monument érigé il y a vingt-cinq ans par la marine chilienne en particulier, assemblage de cinq robustes plaques d'acier pouvant résister à des rafales de plus de 100 nœuds, signé José Balcells Eyquem, laisse deviner un albatros de sept mètres de hauteur. Un escalier sommaire taillé dans la lande balayée par les tempêtes permet d'y accéder.

Pour l'heure, malgré la boucaille ôtant toute visibilité, je décide de m'approcher au plus près. J'appelle Adan Otaiza, le gardien du phare, à la VHF. Il me répond immédiatement. Il faut dire que dans ces parages, il ne doit pas être contacté tous les jours par un voilier. On échange en espagnol. Comme je connais la maison qu'il occupe, j'ai l'impression d'y être. Je revois parfaitement ce bâtiment en briques et au toit rouges surmonté du fameux phare, le tout accolé à une petite chapelle en bois.

À l'intérieur, on se croirait dans une villa de vacances style Airbnb parfaitement équipée pour un couple et deux enfants. Sur les murs blancs on retrouve des posters encadrés tout droit sortis de chez Ikea et dans les chambres les équipements indispensables : canapé, télévision, box Internet, etc. Seule absence notoire : il n'y a pas le moindre voisin à l'horizon. Le gardien – un militaire de la marine chilienne – est volontaire pour un séjour d'un an. Son ravitaillement est assuré tous les trimestres. Les candidats ne manquent pas. Les contraintes sont somme toute raisonnables : trois bulletins météo quotidiens, une veille visuelle intermittente et un rapport journalier. Autant pendant l'été austral, de décembre à mars, les touristes sont légion, autant le reste de l'année, les visiteurs se font rares.

Adan m'aperçoit en approche. Il grimpe au sommet du phare, prend une photo de *Matmut*, petit bout de voile blanche qu'on distingue à peine parmi les crêtes, et, miracle de la modernité, poste immédiatement son message sur Facebook et Twitter. C'est au tour de mon image de faire le tour du monde ! Je suis toujours sous trinquette seule. Le gardien me souhaite bon vent, fini la « séquence nostalgie », il est grand temps de continuer ma longue route. Quelques heures plus tard, les vagues déferlent devant moi. Un rocher, un haut fond ? Comme je ne dispose pas de carte très précise du coin, j'abats (tire la barre) en grand pour m'écarter. « Qui veut vivre vieux marin salue les grains et arrondit les pointes ! » Il ne manquerait plus que je me fracasse à deux pas du Horn !

Quand tu ignores tout des basses latitudes et que tu vas les quitter pour la première fois, tu te débarrasses de cette trouille qui te bouffe le ventre depuis l'entrée dans les quarantièmes. Mais l'impression revient vite dès que tu y retournes. Le froid, l'humidité, la solitude, la routine. Chaque jour les mêmes gestes, les mêmes fatigues, les mêmes appréhensions. Sur la carte, les croix inscrites au crayon n'avancent pas, ou si lentement. Bien sûr, les lumières sont fantastiques, inimitables, la sauvagerie ambiante émeut, interroge. Mais, très vite, l'anxiété reprend le dessus. À cause de cette aiguille de baromètre qui chute et ces longs cirrus qui s'accumulent et ne disent rien de bon. Seuls les albatros qui planent au-dessus des crêtes semblent pressés de voir revenir la tempête.

L'idée était sympa de repartir cinquante ans après, exactement à la même date que Robin. Le problème, c'est que, plus rapide que lui, je me suis retrouvé dans le Sud en plein hiver. Pas le meilleur moment de l'année, c'est le moins que l'on puisse dire. L'idéal pour passer le cap Horn, c'est janvier, pas novembre ! Et le plus étonnant, c'est que lors de ma remontée de l'Atlantique, je n'aurai droit qu'à quatre jours d'été. Je passerai l'équateur juste avant Noël, et me retrouverai à nouveau en plein hiver à l'approche des côtes européennes. Pour la prochaine édition de la Golden Globe Race en 2022, les organisateurs vont retarder leur départ au mois de septembre.

Enfin, je pointe mon étrave cap au nord. Lire 0 degré sur le compas, je l'avoue, depuis quelque temps, je ne rêve que de cela. Un instant, je m'interroge sur l'opportunité de chercher un lieu sûr pour m'arrêter et vérifier l'état de mon mât blessé qui m'obsède. Je connais le mouillage de Vancouver où j'ai déjà relâché une fois. Mais finalement, je décide de continuer et de parer au plus court entre la côte et l'île des États. Je croise les doigts. Il me reste encore 6700 milles (plus de 12000 km) à parcourir !

Lors de mon premier Vendée Globe, au même endroit, je m'étais réjoui un peu trop vite. Le Horn, ce n'est pas les Sables d'Olonne ! Certes, jour après jour, la mer se calme, la température remonte. Tu te sens mieux, tu te relâches un peu. Ton duvet est presque accueillant, ton sommeil moins perturbé. Mais la remontée est très longue et tu n'es pas tranquille pour autant. Tu n'es surtout pas à l'abri d'un méchant coup de tabac, des williwaws, ces vents catabatiques qui descendent des sommets andins et sont d'une rare violence, parfois pires que dans l'Indien ou le Pacifique.

18

Confessions, convictions 2

Je ne suis pas superstitieux. Pas du genre à déposer un louis d'or sous le sabot du mât, ou à contrôler si une terrine en boîte embarquée ne contient pas d'animal aux longues oreilles ! Cela ne me gêne pas de baptiser mon bateau un vendredi. J'accepte aussi les curés et les filles à bord, et n'ai aucune objection pour changer le nom originel d'un voilier acquis d'occasion. Je trouve même amusant qu'au XXIe siècle il existe encore des personnes susceptibles de porter crédit à toute cette batterie de croyances plus ou moins loufoques. Sans comprendre leurs partis pris, je les respecte. Mon fils Éric, sûrement influencé par la vingtaine d'années qu'il a passées dans la Royale, ne s'aventurerait jamais à prononcer le mot « lapin » sur un bateau.

Superstitieux, non, égoïste, oui ! Nicole, ma première épouse, me l'a beaucoup reproché. Je pense d'abord à moi avant de penser aux autres, c'est une évidence ! Sinon j'aurais suivi d'autres chemins que la course en solitaire. Les marins sont tous forcément un peu égocentrique. Ils partagent, ils communiquent, mais à distance. Lorsque je prends le départ d'une course, je n'éprouve aucun sentiment de culpabilité à l'égard de ceux que je laisse à terre. En fait, je suis totalement concentré sur mon objectif : partir, penser à tout, ne rien oublier. Alors, j'élimine de mon cerveau tout ce qui n'est pas en rapport direct avec mon projet. J'aime les autres, je les respecte, mais je peux aussi, si nécessaire, les mettre entre parenthèses.

Me savoir entouré me fait pourtant beaucoup de bien. Je me souviens de mon premier Vendée Globe et des heures qui ont précédé le départ. Depuis vingt ans, personne n'avait osé disputer une compétition autour de la Terre en solitaire, sans escale et sans assistance. Nous ne savions vraiment pas où nous allions. Mon père, Roger, faisait le fier sans doute pour cacher son anxiété. Ma mère Jacqueline, plus en retenue, m'avait écrit un poème que j'avais trouvé à la fois émouvant et réaliste.

« Que voulaient-ils donc faire
Ces treize hommes sans peur
Du globe parcourant les plus dures des mers
Cherchaient-ils le bonheur

De lutter, de souffrir,
De prouver leur valeur ?
De pays assoupis désireux de partir,
D'une vie trop facile et du confort lassés,
Voulaient-ils du passé
Faire surgir la peur
Et de la préhistoire l'ancestrale frayeur ?
Peut-être sentaient-ils qu'en raison de l'absence
Ils auraient dans nos cœurs une intense présence. »

Si au moment de larguer la dernière amarre, tu laisses transparaître un trop-plein d'émotion ou de stress, tu ne rends pas service à tes proches restés à quai. J'ai été assez surpris, en me baladant sur le ponton au départ du dernier Vendée Globe, de découvrir de jeunes navigateurs blancs comme des linges, submergés par l'émotion. Leurs larmes se diffusaient comme une traînée de poudre à leur entourage au point de transformer la sortie du chenal en véritable chemin de pénitence. Personnellement, je suis toujours anxieux quand l'aventure commence mais aussi très heureux de quitter le ponton. Et c'est cette évidence qui se lit en priorité sur mon visage.

Est-ce que privilégier ses envies au détriment du reste relève d'une certaine ingratitude ? Je ne le crois pas. Ma fille Élisabeth, qui travaille dans la grande distribution, est un peu comme moi, totalement impliquée dans sa vie professionnelle. Elle adore ce qu'elle fait, et forcément sa vie familiale s'en ressent. Heureusement elle peut compter sur les parents de Karl, son mari… plus que sur moi.

Si je considère avoir été un père de famille honorable, j'avoue ne pas être très présent pour mes petits-enfants. Quand je ne suis pas en mer, ils viennent de temps en temps aux Sables. Je privilégie évidemment les fêtes de famille. Quelques jours après l'arrivée de la Golden Globe Race, j'ai mis un point d'honneur à rattraper tous les anniversaires que j'avais manqués. Noël m'importe aussi. Pour l'occasion, je m'amuse à bord à griffonner des sapins avec leurs boules, une crèche et le petit Jésus au milieu. Ce n'est pas très beau – à peine mieux que mes dessins de CE1 – mais c'est l'intention qui compte.

Le 25 décembre, quand tu es en mer, c'est toujours un moment difficile. Tu es seul, tu sais toute ta famille réunie et, dans le cas présent, tu n'as même pas l'autorisation de passer un coup de fil alors que ton téléphone satellitaire est à portée de main. Pour me consoler, j'ai prévu une terrine (toujours concoctée par ma belle-mère !), un chapon aux marrons, un peu de foie gras et de camembert, de la rhubarbe, le tout arrosé de « Ma Petite République », le vin bio d'un producteur bordelais, et d'une goutte de rhum. Marquer le coup dans ces circonstances particulières est essentiel. Du moins pour moi. La solitude, la compétition, le sport font partie de mes préoccupations premières, mais le plaisir aussi ! On dit parfois de moi que je suis ascétique. Un journaliste écrivant pour *Libération* m'a même imaginé en robe de bure. Il y a erreur sur la personne !

Je l'ai dit, mon père était un bon pianiste, un amateur de jazz en particulier. J'ai un peu hérité de lui dans le domaine de la joie de vivre, de la musique, en tout cas, depuis longtemps, j'aime chanter. En pension, un prof – aveugle – m'a encouragé dans cette voie. Pour lui, j'ai écumé les églises et les chœurs. Mais bien vite les morceaux modernes ont remplacé les mélodies sacrées. J'ai encore aujourd'hui une impressionnante collection d'albums « live » des plus grands groupes anglais des années 70-80. Et j'ai toujours eu à la maison, comme disent les jeunes, « un bon son » !

Mon premier 60 pieds ne s'appelait pas *Éclipse* par hasard. Le clin d'œil à Pink Floyd est évident. Comme mon père a travaillé longtemps à Europe 1, j'ai obtenu leur adresse et, sans complexe, j'ai sollicité sans trop y croire les membres du groupe pour que l'un d'eux vienne baptiser le bateau. À mon grand étonnement, je reçois, quelques semaines plus tard, une réponse très sympa de Nick Mason, le batteur, qui se désole et s'excuse : à cette date-là, le groupe est en tournée. Pink Floyd m'a toujours accompagné à terre et en mer. Dans un registre différent, je me félicite qu'Hugues Aufray soit le parrain d'*Adrien*. Nous sommes devenus amis. Il est même déjà venu chanter avec mon groupe, et m'a invité un jour à le rejoindre sur la scène du Zénith de Nantes. Je n'étais pas peu fier !

Mon arrivée dans le groupe que nous avons baptisé Globalement Vôtre tient du pur hasard. À l'époque – dans les années 2000 –, je chante à droite à gauche, quand on m'invite à le faire, sans complexe particulier. Deux copines qui fêtent leur anniversaire au Petit Bar sur la plage des Sables ont prévu de faire venir un orchestre qui se désiste au dernier moment. Au terme de diverses péripéties, je me trouve à jouer les remplaçants avec leurs amis que je ne connais pas. On se passe juste un coup de fil pour faire connaissance et échanger sur quelques titres, sans plus. La soirée est un succès même si elle est interrompue par la BAC alertée par le voisinage ! Quelques prestations plus tard, Globalement Vôtre donne son premier vrai concert devant les 600 invités de la société Hénaff qui fête son centenaire.

Des groupes, il y en a des milliers bien meilleurs que nous, mais côté ambiance nous nous défendons pas trop mal ! On répète chaque lundi… sauf quand je suis en mer. Notre répertoire est connu de tous :

Johnny Hallyday, Eddy Mitchell, Soldat Louis, Michel Sardou, Hugues Aufray, sans oublier les Pink Floyd… Les mélomanes avertis ne partagent pas obligatoirement mes choix musicaux et mon bonheur de chanter, mais après tout, qu'importe. Là encore, je me fais plaisir et je fais plaisir. Au départ et à l'arrivée de mon dernier tour du monde, nous n'avons pas failli à la fête. Surtout à l'arrivée où je n'espérais pas voir Hugues, qui était pourtant là, sur mon bateau, pour entonner avec moi son cultissime « Santiano ». Je suis aux anges. Il n'est pas vraiment voileux, mais a composé un titre spécialement pour moi : « Aux vents solitaires ». À bientôt 90 ans, en perfecto, jeans et bottes noirs, accompagné de sa jeune et jolie compagne, c'est un troubadour inusable qui continue de sillonner la France et le monde. À côté de lui, j'ai l'impression d'être un gamin !

À propos de gamin, je m'inquiète sincèrement pour une partie de la jeunesse. Je trouve qu'entre ceux qui bossent comme des fous, étudient, passent des concours d'une extrême difficulté et les défaitistes, les fatalistes, les « de-toute-façon-je-ne-vais-pas-trouver-de-boulot », il y a un fossé qui ne cesse de se creuser. Je ne dis pas que c'était mieux avant, mais incontestablement il semble que la part des loisirs est pour beaucoup en train de prendre le pas sur les heures d'activité proprement dites. Même si ma nature me pousse encore à voir le verre à moitié plein plutôt qu'à moitié vide, mon optimisme, depuis un certain temps, est malmené. Remplacer sempiternellement les hommes par des robots ne présage rien de bon. J'ai malheureusement, en tant que prof, vu trop d'enfants en échec scolaire. Déjà à mon époque le CAP était considéré comme une voie de garage. Cela ne s'est pas amélioré depuis. Conséquence logique, de l'Europe entière, voire de plus loin encore, débarquent des jeunes qui, eux, ne reculent devant rien pour assurer les boulots même les plus ingrats.

Ajoutez à cela l'intolérance, le manque de respect et l'incivisme. L'addition est sévère. Une anecdote me revient. C'était en 1986. La loi Devaquet sur la réforme de l'université était remise en cause par beaucoup. J'enseignais alors dans un établissement catholique privé. Un matin, les élèves du lycée public d'à côté débarquent à l'entrée en criant : « Saint-Jo avec nous… Devaquet si tu savais… ! » Ils veulent investir nos locaux. Je me tiens devant la porte de l'établissement, m'interpose et ne cède pas. Ils rebroussent chemin en continuant de chanter : « Saint-Jo avec nous ! » Aujourd'hui, je suis quasi certain que, placé dans la même situation, je me serais fait lyncher ou peu s'en faut.

On communique beaucoup par e-mails, on échange moins de vive voix. Le mail, c'est facile, c'est rapide mais aussi parfois dangereux car écrit à la va-vite. Une simple formule peut tomber à plat ou carrément vexer une personne. Face à face avec ton interlocuteur, tu enregistres ses réactions, tu t'adaptes, tu changes de ton. Au bout du compte, cette course à la vitesse, cette immédiateté permanente me perturbent. Depuis mon retour du tour du monde, je n'ai quasiment pas ouvert un livre. J'ai toujours autre chose de plus important à faire. J'ai repris un rythme de fou, et je suis moi-même victime d'un système qui dicte ses règles sans vraiment nous consulter. En mer, malgré la compétition, la concurrence, tu as le temps. Et de réfléchir et d'agir. Entendu, il faut parfois réagir au quart de tour mais tu peux « revenir en arrière », penser à la musique écoutée, méditer à propos du paysage admiré.

Durant sept mois, je n'ai pas suivi l'actualité. Je n'en ai même pas éprouvé le besoin, alors qu'à terre je ne peux m'empêcher de jeter un coup d'œil sur les dépêches qui encombrent mon smartphone. S'il s'était passé quelque chose de très grave, je suppose qu'un radioamateur m'aurait alerté. Ça fait du bien de déconnecter un peu. Grâce à eux, j'ai suivi les résultats de la Coupe du monde de foot et les positions de la Route du Rhum à laquelle mon ami Jean-Marie Patier participait sur mon ex-cigare rouge de bientôt trente ans. Mais à mon arrivée je ne savais même pas ce qu'était un « gilet jaune » !

Depuis mes 21 ans – l'âge légal pour voter à l'époque –, j'ai assumé mon devoir civique du mieux que j'ai pu. Sans idée bien arrêtée sauf celle de ne jamais sacrifier aux extrêmes. Lorsque j'étais plus jeune, je n'hésitais pas à cautionner des candidats qui n'avaient aucune chance de l'emporter mais dont le discours tranchait. Sans doute suis-je devenu plus sage avec l'âge. Il faut dire qu'il est de plus en plus difficile de faire la part des choses. Aujourd'hui, les plans médias/communication prennent souvent le pas sur les programmes eux-mêmes. Je fréquente peu les politiques. Je connais Catherine Chabaud, bien sûr, désormais députée européenne, et Annick Girardin. Cette dernière, actuelle ministre des Outre-mer, est la marraine de mon Rustler 36. Elle a été un bon porte-bonheur ! François Mitterrand m'a impressionné, ne serait-ce que parce qu'il est parvenu à aligner deux mandats d'affilée. Je garde un très bon souvenir de ce jour où il a longuement reçu à l'Élysée les treize concurrents du premier Vendée Globe, s'intéressant à chacun de nous, alors qu'il n'était pas marin pour un sou. Je crois même que pour l'occasion je portais une cravate ! Mais même si, grâce à lui, les problèmes de TVA ont été résolus sur nos bateaux (le fisc considérait alors que faire le Vendée Globe était du transport et n'acceptait pas que l'on puisse la récupérer), on ne peut pas dire que je l'appréciais beaucoup.

J'ai toujours eu de la sympathie pour Gilles de Robien, ancien maire d'Amiens et ministre. Cet homme politique m'a semblé à la fois modéré et honnête. J'entends beaucoup de gens se plaindre d'Emmanuel Macron. Franchement, François Fillon, Benoît Hamon ou d'autres s'en seraient-ils mieux sortis ? En fait, je plains les élus. Ils provoquent des adhésions, des ralliements, mais suscitent aussi beaucoup de haine. Un maire, un député, un ministre prend une décision qui lui semble convenable pour la collectivité, et instantanément une bonne partie de l'opinion lui tombe sur le râble à bras raccourcis. La critique est toujours plus aisée que la résolution du problème !

On peut me traiter de vieux ronchon, je me sens beaucoup plus jeune que la date de naissance inscrite sur ma carte d'identité ne l'indique. Je reçois beaucoup de courrier de personnes appartenant à la même classe d'âge que moi qui m'affirment être motivés par mon exemple. Être septuagénaire n'est pas un handicap. La preuve : on peut même gagner un tour du monde à cet âge. Avoir envie est fondamental. Si j'ai un message à délivrer, c'est celui-là.

Dans les multiples conférences que je donne un peu partout, je ne dis pas autre chose. Avec des mots simples, avec surtout mon vécu à l'appui. Les organisateurs m'expliquent leur problématique, je puise dans mon petit arsenal d'expériences et je m'adapte. Les gens ont d'abord besoin d'être valorisés, de sortir de la monotonie de leur quotidien. Quelques jours après mon arrivée, j'ai même reçu un appel d'un président de club de foot de National. Son équipe jusque-là bien placée se mettait à perdre match après match. Il voulait que j'essaye de redonner confiance aux joueurs et d'inverser la spirale de leurs échecs.

Je suis un optimiste de nature. Par fatalisme ? Après six tours du monde, je sais que l'on ne peut pas lutter face à tous les événements et éléments qui se dressent sur notre route. Rien de pire que la collision frontale. Ce qu'il faut, c'est discerner les problèmes, les prendre les uns après les autres, avec méthode, évaluer leur degré de gravité et essayer – oui, essayer – d'en résoudre au moins quelques-uns. Arrivé à ce stade, tout est envisageable : un enchaînement des possibles, la chance qui s'ajoute à la chance, une vraie inspiration. J'y crois.

19

Interminable remontée

Ce 2 décembre, je longe les côtes d'Amérique du Sud. « Cap 10, temps sympa... enfin ! » Mon cahier d'écolier est dans un piteux état, boursouflé à l'extrême. J'en ai ouvert un nouveau. Plus je remonte en latitude, plus je croise des sacs plastique et autres saletés. J'ai appris, toujours grâce aux radioamateurs, qu'Uku Randmaa a lui aussi été stupéfait de découvrir autant de choses flotter entre deux eaux au large de l'Afrique du Sud. Il a même aperçu une porte d'entrée ! La hantise du marin, c'est de percuter un « ofni », un « objet flottant non identifié ». Sur nos bateaux d'un autre âge ne dépassant pas les sept nœuds, c'est certes moins problématique que sur les grands multicoques qui caracolent cinq fois plus vite, mais bon, on n'est jamais à l'abri.

J'ai pris l'habitude d'écouter le ronronnement de l'hélice de l'hydrogénérateur. Je sais même exactement en fonction de la rotation de la turbine quelle est ma vitesse. Au sortir d'un petit somme, je n'entends que le timbre de l'eau s'écoulant le long de la coque et rien d'autre. Forcément je m'inquiète. À juste titre : l'hélice est prise dans un énorme filet de pêche que je dois traîner depuis plusieurs heures. La gaffe ne suffit pas, il faut que j'empoigne un cutter et que je découpe le nylon maille par maille.

Le lendemain, changement de décor. « Violents grains. Au moins 50 nœuds. Sous grand-voile seule au bas ris… » souligne mon cahier de bord. Quand je disais qu'une fois passé le Cap Horn, on est loin d'être tiré d'affaire ! Le soleil joue à cache-cache avec les nuages, le plafond est bas et j'ai un mal fou à faire un point correct. Ce n'est pas trop grave : dans l'Atlantique Sud, les chances de rencontrer un bateau sont rares. Je vais devoir attendre d'être au large de Rio de Janeiro pour qu'un cargo me transmette enfin une position. Je suis parti avec deux sextants identiques – des Freiberger –, deux véritables « Rolls ». Sur l'idée d'un copain, je les ai baptisés « Du » n° 1 et « Du » n° 2. Entendez « Sextant-Du » (Sexe-tendu). C'est, je l'avoue, assez grivois, mais ça amuse beaucoup la galerie… et quelques journalistes ! Je me félicite tous les jours d'en avoir emporté deux : au beau milieu du voyage, l'un d'eux s'est subitement bloqué, le sel sans doute qui a dû gripper l'axe de rotation.

Après la pluie le beau temps ! Me voici encalminé, sans un pet d'air, avec une houle résiduelle insupportable. Les voiles se gonflent et se dégonflent, claquent comme des volets mal fixés. J'ai horreur de ça, mais je ne m'énerve pas. À quoi bon ! Le gréement et mon mât fragilisé souffrent et moi avec. Pour couronner le tout, je m'impose trois heures de barre au moteur avec un nouveau problème à la clef : calculer le meilleur rapport performance-consommation possible. J'ai en point de mire une dépression très ouest et, pour profiter du vent portant, suis obligé de naviguer au plus près de la côte brésilienne. À ce rythme-là, je vais me retrouver à Copacabana ! D'ailleurs, j'aperçois la côte, il est plus que temps de virer de bord. Les réseaux sociaux se moquent volontiers : « Fort de son avance, VDH effectue un petit détour par Rio et ses jolies Brésiliennes en maillot... » Tu parles ! C'est le vent qui commande et qui m'oblige à tirer des bords. Je fais maintenant une route perpendiculaire à celle qui doit m'amener aux Sables-d'Olonne, et commence à m'inquiéter d'un éventuel retour de Mark Slats.

Dans le Sud, avant mon chavirage, j'ai creusé sur lui une avance conséquente : plus de 2000 milles, soit, au bas mot, un demi-océan d'écart. Depuis, il grignote, il grignote… Comme le signale mon journal de bord : « 1/12/18 : + 1 100 milles ; 30/12/18 : + 760 milles ; 7/01/19 : + 416 milles ; en distance au but. » Je n'ai pas le droit de me relâcher sauf que le vent, une fois de plus, a disparu.

Je tue le temps, pêche mais sans grand succès. À part un calamar qui a sauté dans le cockpit et a fini dans la poêle, j'ai attrapé une superbe daurade coryphène qui, faute d'épuisette, s'est… décrochée à quelques centimètres du tableau arrière. J'ai capturé deux ou trois poissons volants seulement, alors que lors de mes précédents tours du monde et autres transats, chaque matin, je trouvais plusieurs de ces drôles d'exocets piégés sous les sacs à voiles, ailes dépliées et bouche ouverte. Encore un signe du mauvais état de nos océans ? Je continue de traverser des bancs de sargasses. Je suis stupéfait de leur nombre et de leur étendue.

C'est le dernier jour de l'année. Pour mon réveillon, je multiplie les petits plaisirs : foie gras, civet de sanglier et fraises déshydratées au vin. Et comme un bonheur n'arrive jamais seul, Odile me fait une belle surprise en participant à une vacation avec un copain radioamateur proche de Nantes. Bonne année ! Je n'imagine pas un instant pouvoir me faire doubler par mon adversaire hollandais. N'empêche, je me rends compte chaque jour que c'est un sacré marin. Alors je barre de plus en plus pour exploiter la moindre veine de vent. Le 6 janvier, je reste agrippé à mon poste huit heures sans interruption… pour couvrir onze milles (20 kilomètres) à la terrifiante moyenne de 1,37 nœud (2,54 km/h). Je sais aussi que Mark, qui n'a pas du tout les mêmes conditions de vent, marche nettement plus vite. Frustrant !

Je prends mon mal en patience et écoute *L'Étudiant étranger* de Philippe Labro, soit six cassettes audio d'une heure chacune. Toujours ça que l'ennui n'aura pas ! Il faut que je reste concentré, règle constamment mon bateau malgré une brise si faible que je ne la sens même pas sur la surface de ma peau. C'est aussi le moment d'effectuer ma pénalité pour avoir appelé Odile au téléphone juste après mon chavirage. Les organisateurs m'ont imposé 18 heures de « surplace » en dessous du 20e parallèle. Je commence par longer cette ligne virtuelle en faisant quatre heures à l'est et quatre heures à l'ouest par vent de travers. Sans GPS, cela demande un minimum de doigté même pour un ex-prof de maths. La « police » de la Golden Globe Race m'a à l'œil. Si bien qu'elle estime que j'ai franchi la ligne recommandée. Nouvel avertissement et trois heures de « surplace » supplémentaires ! Après ma pénalité, le vent retombe complètement. Mes réserves de fuel étant épuisées, je n'ai pas le choix, je dois subir cette bulle anticyclonique.

Décidément, cette remontée est un pensum. Mon avance sur Mark continue de fondre : 13/01/19 : + 190 milles ; 15/01/19 : + 54 milles ; 17/01/19 : + 14 milles… en distance au but ! Je devine grâce aux radios amateurs que ceux qui suivent ma progression s'inquiètent. *A posteriori*, j'appendrai même que certains supporters se relevaient la nuit pour étudier l'évolution des écarts et de la météo. Je suis confiant : je navigue beaucoup plus au nord que mon adversaire et vais donc toucher les vents d'ouest avant lui. Mon mât geint sous les coups de boutoir provoqués par ces vagues courtes, habituelles lorsqu'on remonte au près serré depuis l'équateur. Heureusement, je vais reprendre un peu d'avance sur mon poursuivant. Je le surveille à distance. Constatant, toujours grâce aux radios amateurs, qu'il copie toutes mes options sans exception, je vire de bord et « l'embarque » vers l'est, une zone – le centre de l'anticyclone – que je sais peu favorable. Une ruse de Sioux fréquemment utilisée en course pour contrôler son adversaire. Le mien tombe bel et bien dans le panneau. Mon journal de bord triomphe : « IL EST MORT ! » et l'écart se creuse cette fois dans le bon sens : + 101, + 145, + 230, + 290, + 400 milles… L'habitude des compétitions que Mark n'a pas forcément.

Nous ne sommes plus que cinq en course. Et, selon mes calculs, il ne me reste plus que quelques jours de mer à courir. Mark Slats est maintenant à près de 400 milles, Uku Randmaa et Istvan Kopar encore au large des côtes d'Amérique du Sud, et Tapio Lehtinen, lui, navigue dans le Pacifique. À ce rythme, le Finlandais mettra au moins trois semaines de plus que Robin Knox-Johnston qui, il y a cinquante ans, était revenu au port après 313 jours de mer.

Complètement rassuré, je décide de passer à l'ouest des Açores dans la perspective de me laisser ensuite porter par un bon flux jusqu'aux Sables d'Olonne. Le samedi 26 janvier, Lionel, mon fidèle préparateur, accompagné de Bob Escoffier et du photographe Jacques Vapillon, me retrouve à 400 milles à l'ouest de la ligne d'arrivée. C'est sympa de revoir des têtes connues... On papote une partie de la matinée en VHF et même de vive voix, mais comme le mauvais temps menace, ils rebroussent chemin en début d'après-midi.

Dès qu'ils me quittent, le vent monte graduellement : 25, 35 et bientôt 45 nœuds. Moi qui espérais en avoir terminé avec le baston, les caprices du temps, les situations instables... Il y a encore quelques jours, j'implorais les dieux du vent, aujourd'hui j'en ai trop ! La houle qui déroule sur le plateau continental où les fonds remontent d'un coup est plus que conséquente. Je ne suis pas inquiet, mais n'oublie pas que de nombreux marins ont subi leur pire coup de vent en traversant le golfe de Gascogne – « Bay of Biscay », comme il est écrit sur la carte marine. La preuve : assis à ma table à cartes, me voilà projeté aussi violemment que lors de mon chavirage pacifique. J'ai beau avoir perdu dix kilos depuis, le vol plané – au-dessus des marches de la descente et de la cuisine – et le choc qui s'ensuit demeurent conséquents. Bilan : la barre de maintien près de la gazinière est tordue à vingt degrés et les huit vis qui la tenaient fixée ont été arrachées ! Le bateau s'est bel et bien couché, mais fort heureusement la tête de mât n'a pas pénétré dans l'eau. Moi qui craignais d'arriver au près serré dans des vents d'est froids et secs, je suis comblé… J'ai eu chaud, très chaud, vingt-quatre heures seulement avant d'être vraiment délivré.

20

Victoire

Malgré la mauvaise visibilité, toutes les quinze secondes, je vois les trois éclats blancs du phare de l'Armandèche. C'est le dernier grand phare construit en France il y a cinquante ans… à cause entre autres de mon immeuble trop haut qui cachait celui d'atterrissage de la tour d'Arundel. Puis je distingue celui des Barges qui, sur son plateau rocheux, balise l'approche des Sables d'Olonne. Il a été le premier phare à être automatisé en 1971. Grâce à sa puissance de 30 000 candelas, il porte à 13,5 milles. Depuis mon balcon, chaque soir au crépuscule, je vois toutes ces vigies s'allumer de conserve, balayant l'horizon de leurs pinceaux magiques.

Au terme de ce tour du monde supplémentaire, inutile de vérifier dans le livre des feux si mon estime est bonne. J'arrive en territoire connu. Mon grand routier des Açores à la Vendée est gorgé d'eau comme un papier buvard. Chaque coup de crayon menace de le déchirer. Cette nuit, j'ai quelque peu lambiné, me fixant pour objectif de franchir la ligne d'arrivée vers 9 heures comme me l'a demandé le comité de course. Le ciel est de plus en plus bouché, la mer grise, et la pluie commence à tomber. Il n'y a guère plus de vent qu'au départ, il y a 211 jours, mais toujours cette houle ronde caractéristique. J'ai profité de mes dernières heures de mer pour mettre un minimum d'ordre à bord. Les photos de mes proches, collées çà et là, ont bien supporté le voyage, et la litho à droite dans le carré – un portrait de Joshua Slocum avec son célèbre chapeau de paille – n'a pas bronché. Depuis sept mois, le premier tourdumondiste en solitaire de l'Histoire me surveille du coin de l'œil.

Il est temps de boucler mon ultime sac de détritus. Le règlement de course est formel : tous les déchets polluants doivent rester à bord. Méthodiquement, j'ai nettoyé toutes mes boîtes de conserve à l'eau de mer avant de les déposer dans des sacs-poubelle étanches doublés puis fermés hermétiquement. À mon arrivée, c'est le directeur de course Don McIntyre en personne qui doit les récupérer et les peser. À la louche, je pense en avoir pour une centaine de kilos. La balance indiquera 93, soit 13 kilos par mois, 3,25 kilos par semaine et 444 grammes par jour… quand même.

Aujourd'hui, tous les navigateurs au long cours procèdent de la même manière. Quelle que soit la course, ne pas rapporter ses ordures à terre est passible de pénalité. Lors du premier Vendée Globe Challenge, je me souviens d'un concurrent qui, pour gagner du poids, s'était débarrassé de sa grand-voile de rechange ainsi que de plusieurs pilotes automatiques, jetant le tout à la mer. Il ne s'en était pas caché. Pas de doute, les mentalités ont changé ! Les toilettes de mon bateau ayant été condamnées, je me suis contenté d'un seau lambda et de ma collection du *Canard enchaîné* après lecture. Un forfait biodégradable minimal…

Le jour s'est levé. Je distingue maintenant les lampadaires de la Chaume. Mon immeuble à gauche de l'entrée du chenal surplombe le prieuré Saint-Nicolas. J'ai hissé mon grand spi bleu afin de mieux progresser dans ce vent de demoiselle. Je n'ai même pas besoin de descendre à la table à cartes vérifier la position de la ligne d'arrivée. Elle aussi fait partie de mon quotidien. C'est la cardinale Nouch Sud : une bouée jaune et noir soulignée de deux cônes pointés vers le bas et surmontée d'un panneau solaire. Une marque pas comme les autres puisqu'elle salue tous les quatre ans la conclusion du Vendée Globe et qu'elle accueille aujourd'hui le vainqueur de la Golden Globe Race.

J'ai opté pour mon ciré Bermudes bleu marine et sa capuche jaune fluo, encore en parfait état, et profite de mes derniers moments de solitude. Je sais que, dans moins d'une heure, le contraste risque d'être sévère. Pourquoi m'en cacher ? J'attends cet instant depuis de nombreuses semaines. Suis-je euphorique ? Disons que j'éprouve un sentiment d'excitation et une grande satisfaction. J'étais parti pour ça : pour arriver et si possible pour gagner ! Moi qui calcule toujours tout, je n'ai même pas mesuré qu'en menant cette aventure à son terme je deviens le vainqueur d'un tour du monde en course le plus âgé de l'Histoire. C'est Robin Knox-Johnston qui me l'apprend. C'était lui qui détenait ce record : il avait 67 ans lorsqu'il a bouclé la Velux 5 Oceans Race (ex-BOC) en 2006. En plus, vainqueur de l'édition de 1968, il me fait la divine surprise et l'amitié d'être là au milieu d'une flotte hétéroclite venue à ma rencontre.

Je ne sais plus où donner de la tête. L'émotion me gagne. J'essaye de répondre à tous les gens qui m'interpellent. Je reste concentré quand même car devant tous ces spectateurs je n'ai pas installé le filet qui empêche le spi de s'entortiller autour des étais. Il y a pas mal de houle résiduelle qui ballotte mon bateau et je veux éviter tout incident.

Quand je suis dans l'axe de la Nouch et de la grande jetée, c'est une explosion de joie généralisée accompagnée par un concert de cornes de brume assourdissant. J'affale aussitôt mon spi. Odile et Lionel grimpent à bord et me ramènent à la réalité. Ils sont tous là, mes enfants, petits-enfants, mes sœurs, mon frère, mes amis… Ce n'est pas une arrivée de Vendée Globe mais ça y ressemble. Les digues sont submergées par une marée de parapluies. Les 1 600 mètres du chenal dont je connais chaque pierre, chaque arche, n'ont jamais si bien servi de trait d'union entre la passion de la mer qui est la mienne et ma vie de terrien qui, je le concède, me satisfait tout autant.

Aussitôt le bateau à quai, les micros se tendent et les questions fusent. Mes excellents amis Hugues Aufray, Robin Knox-Johnston, Don McIntyre, Yannick Moreau, le nouveau maire fraîchement élu, montent à bord. C'est grâce à ce dernier que la course est partie d'ici. Quand il était encore député, il nous avait reçus avec Don à l'Assemblée nationale pour parler de la Golden Globe Race 2018 et, ayant appris que les ports anglais étaient réticents à soutenir cet événement international, il a tout fait, avec l'appui de sponsors locaux, pour que la course parte des Sables-d'Olonne. Chapeau.

Il me faut maintenant répondre à toutes les questions. Je le fais de bon cœur même si les échanges tournent immanquablement aux propos convenus. Évidemment que je suis heureux. Bien sûr que ma femme m'a manqué. Ce qui importe, c'est l'émotion, l'empathie, le partage qui se dégage de ces moments si précieux. Je devine beaucoup de sincérité alentour et c'est ce qui me touche vraiment. Au plus profond de moi.

J'ouvre le magnum de champagne selon la tradition, arrose copieusement la foule, bois deux ou trois gorgées, partage quelques gouttes sur le pont de mon fidèle bateau avec les amis. Mon entourage s'inquiète : mes jambes fonctionnent-elles comme il y a sept mois ? Je n'ai jamais eu le mal de mer, pourquoi aurais-je le mal de terre ? Escorté telle une rock star, j'ai cinquante mètres à couvrir pour retrouver la terre ferme et rassurer mes proches. Il me faut me soumettre au rituel de l'incontournable conférence de presse – un délicieux moment de narcissisme – où je retrouve très vite mes habitudes de prof. Je ne passe rien à mon public acquis, pas même l'histoire de mon rail tordu et de mon hydrogénérateur en perdition. Il y a là Loïc Lepage, concurrent malheureux qui a perdu son bateau, Patrice Carpentier et Alain Gautier, mes camarades de la première heure pendant le Vendée Globe 1989-1990, Arnaud Boissières, Christine Briand, Jimmy Pahun, Catherine Chabaud et, bien sûr, Jean-Marie Patier, l'homme par qui tout est arrivé ! Côme, leur fils, a été autorisé à sécher les cours : ce n'est pas tous les jours que l'on accueille un parrain revenu de l'autre côté du monde. Je suis sur un nuage. Lionel Régnier et quelques copains sont partis doubler les amarres de mon Rustler 36.

Une nouvelle tempête est annoncée. Mon bateau et moi sommes à l'abri, mais j'ai une pensée pour Mark Slats, mon poursuivant, qui va forcément la subir. Il faut vider les lieux avant que la tente qui nous abrite s'envole. Les obligations menacent mon équilibre tout autant. Photos, protocoles, podiums. Suis-je vraiment moi-même ? « De quoi as-tu envie ? » Robin qui connaît la chanson se veut pragmatique. « Une bière ? Un steak ? Un bain ? » Je rêve surtout d'un plateau de fruits de mer. Dans une petite salle de l'école de pêche m'attendent huîtres, araignées et langoustines en compagnie de mes proches. Je savoure cet instant dans tous les sens du terme. Puis recommencent les interviews qui s'enchaînent, avec ces mêmes sempiternelles questions. À quoi tient la félicité de l'instant ? Les impressions, les interrogations, les commentaires fusent dans tous les sens. Forcément on exagère la situation. On me parle d'exemple pour les jeunes en quête de sens mais aussi de modèle pour les seniors en quête d'espoir. Le grand fédérateur des écoles et des Ehpad : tout cela me paraît un peu surréaliste. La fièvre, je l'accepte, elle me fait plaisir, mais il est urgent qu'elle retombe un peu aussi.

Le vent rentre progressivement, de plus en plus fort. Il atteint les 60 nœuds et déracine quelques arbres près de Port Olona. Cela ajoute du piquant lors des interviews que l'on m'impose à bord du bateau qui sous les rafales se dandine dans tous les sens. Une jeune reporter est à la limite de la nausée. Odile et mes amis m'ont préparé le soir une fête en comité restreint (130 invités quand même !) avec en point d'orgue mon groupe de musique au grand complet accompagné de mon ami Éric Bolo et forcément de Hugues Aufray. Au milieu de la nuit, les invités paraissent plus fatigués que moi. Je redécouvre la vie d'un terrien « normal », avec ses plaisirs simples, ses distractions anodines. Dans les jours qui suivent, la presse m'encense. Ma boîte mail déborde. Même *Paris-Match* a dépêché deux de ses reporters et, cinquante ans après Moitessier, fait six pages sur mon aventure. Mes voisins sablais, pour la plupart retraités, ont dédicacé un poster placardé dans l'entrée de mon immeuble. L'attention me touche à l'égal de tous leurs petits mots, ces signes d'admiration qui s'accumulent jour après jour.

J'assiste bien sûr à l'arrivée de tous mes poursuivants. Mark qui a bien négocié l'ultime tempête, Uku qui retrouve avec bonheur sa jeune femme et ses petits jumeaux, Istvan fou de joie qui, en guise de conclusion, escalade son mât dans le chenal. À chaque fois, de jour comme de nuit, le public sablais est au rendez-vous, chaleureux et bienveillant.

Lundi de Pâques, cinquante ans jour pour jour après l'arrivée de Robin Knox-Johnston : c'est l'été aux Sables pour la remise des prix et le mien en particulier, 5 000 livres sterling comme il y a cinquante ans. Sauf qu'à l'époque on achetait une petite maison avec cette somme ! Tous les concurrents sont revenus des quatre coins de la planète pour fêter ça. Je suis touché. Enfin, presque tous ! Il en manque deux : le Finlandais Tapio Lehtinen encore en mer dans le pot au noir, qui arrivera mi-mai aux Sables, la coque couverte de bernicles et de pousse-pieds, et qui va terminer cinquième et dernier classé, et l'Australien Kevin Farebrother en train de conquérir l'Everest pour la quatrième fois !

Cette remise des prix me touche au cœur. Non content d'accéder pour la première fois à la plus haute marche du podium au terme d'un tour du monde, j'ai la chance d'animer moi-même la fête à suivre en compagnie de mon groupe et de mes copains musiciens, Bruno, François, Michel et Pierre Laurent. Même Hugues Aufray pourtant en tournée dans l'Est de la France est de la partie.

Éric Bolo qui a été de tous mes départs et Michel Devillers qui a disputé la mini-transat comme moi nous rejoignent sur scène. Deux mille personnes ont fait le déplacement. Je ne pouvais rêver meilleur accueil et plus belle célébration.

21
Et maintenant

Cette fois, je crois que j'ai atteint l'âge « légal » de la retraite. Du moins *pour ce qui est des courses en solitaire autour du monde*. Je souligne la formule car tous les mots qui la composent ont leur importance. *A posteriori*, je ne voudrais surtout pas que l'on dise que je ne tiens pas mes promesses ! Je ne défendrai pas mon « titre » lors de la prochaine édition de la Golden Globe Race en 2022. Si vous avez attentivement lu mon récit, vous avez compris les raisons de ce renoncement.

Bien sûr, je ne suis pas insensible aux horizons lointains. J'adore être en mer. Je peux m'extasier devant le geyser si particulier d'une baleine passant à proximité de mon bateau. Mais je ne suis pas à proprement parler un contemplatif. Je suis un pragmatique. Du fait de son rythme général et de la lenteur des bateaux utilisés, la Golden Globe Race aurait pu, en ce qui me concerne, se transformer en séance de méditation. Cela n'a pas été le cas. Toujours mon naturel de régatier et de compétiteur a pris le dessus.

Suis-je trop terre à terre, superficiel diront certains ? Cela ne me dérange pas. Je n'ai jamais revendiqué le statut de philosophe. Pendant quarante ans je me suis contenté d'additionner les courses et les aventures et cela me va très bien. Mon bilan comptable est ce qu'il est mais il me satisfait pleinement. J'ai terminé quatrième de la première Mini Transat 1977 et de la Route du Café 1993, deuxième de la Mini Transat 1979, du BOC Challenge 1986 et de la Route du Rhum 1998; troisième du premier Vendée Globe en 1990. J'ai été champion du monde Imoca sur la période 1992-1996 grâce entre autres à ma deuxième place dans le Vendée Globe 1992 et ma troisième dans le BOC Challenge 1994. Je détiens le record du tour du monde à l'envers, c'est-à-dire contre le vent et les courants, en 122 jours depuis 2004. C'est d'ailleurs le dernier et unique record appartenant à un monocoque autour du monde. Au bout du bout, j'ai remporté mon sixième et ultime tour du monde en janvier 2019.

J'ai toujours navigué à bord de voiliers simples, économiques et raisonnables. J'ai doublé le cap

Horn à douze reprises et franchi dix-sept fois l'équateur. Moi qui affectionne les chiffres, je n'ai jamais calculé précisément la quantité de milles que j'ai accumulés en régate, en école de voile, en croisière, en convoyage, en course... Mais cela doit dépasser les 250 000 milles, soit 463 000 kilomètres, près de dix tours de la planète au total. Je me souviens comme si c'était hier de mon fils Éric, sept ans, qui, furieux d'une nouvelle absence, donnait des coups de pied dans les pneus de la voiture, alors que je quittais la maison pour disputer ma seconde Mini Transat. Voir son père partir à nouveau l'avait plus qu'agacé, et je n'avais pas bien mesuré, à l'époque, l'importance de sa frustration. C'était il y a quatre décennies exactement.

Les chiens ne font pas des chats. Éric, à son tour, a bourlingué de longues années sur toutes les mers du globe, pas à la voile mais à bord des bâtiments de la Royale, et il a, lui aussi, récolté quelques remarques navrées de la part de ses proches. Aujourd'hui, il travaille toujours pour la Marine nationale comme réserviste et s'occupe de tout ce qui concerne la voile à l'École Navale. Ma fille Élisabeth possède un voilier et rêve de traverser l'Atlantique avec son mari. J'aurais bien du mal à l'en dissuader !

J'ai entendu dire que j'allais prendre de futures responsabilités dans l'organisation, voire devenir directeur de course de la Golden Globe Race. Rien d'autre qu'une « rumeur de ponton », comme on dit dans le milieu. Si l'on me demande quelque avis, bien sûr, j'apporterai ma contribution, mais cela se limitera à ça. Mon ami Don McIntyre a parfaitement bien assumé son boulot et il est plus que légitime qu'il continue. Rançon du succès : une vingtaine de concurrents sont déjà préinscrits pour la prochaine édition !

Les raisons de ma victoire sont multiples. En premier lieu, je pense que je disposais du bateau le mieux préparé. Je me suis ensuite appuyé sur des préparateurs très impliqués. Mon budget, grâce à la Matmut et à Armor Lux, était confortable sans être dispendieux. Il est évident que mes cinq précédents tours du monde ont beaucoup contribué à optimiser mon approche de la course et la gestion du bateau dans son ensemble. Exemple : j'ai toujours veillé à maintenir un bon degré d'hygiène à bord. En anticipant le grain qui approche pour saisir l'opportunité d'une douche. En soignant le moindre bobo dès son apparition. Seul, il est tentant de se laisser aller voire de se « clochardiser ». C'est vers l'exact inverse qu'il faut tendre. Et ne jamais oublier que « l'expérience est une lanterne que l'on porte sur le dos, et qui n'éclaire jamais que le chemin parcouru ».

Une telle course d'endurance se gagne aussi en amont. Plus on se prépare, moins on s'expose à un pépin technique. Ce n'est sans doute pas un hasard si Mark Slats et Uku Randmaa, respectivement deuxième et troisième, avaient déjà tous les deux effectué un premier tour du monde. Même si la course a été rude (sept abandons, cinq chavirages, cinq classés seulement sur dix-sept), contrairement à la course de 1968-1969, aucun drame fatal n'a été à déplorer[1].

Durant ce tour du monde, j'ai systématiquement pensé et visualisé mes manœuvres dans ma tête avant de les effectuer vraiment. Un peu à la manière des séances que j'impose à des équipiers peu aguerris que j'embarque pour une régate. En solitaire, on dispose de pas mal de temps, autant en profiter. Rien ne sert jamais de s'énerver, de se précipiter. Les skippers atrabilaires qui « montent dans les tours » à la moindre occasion n'ont rien à faire à bord. La pratique de la voile réclame du calme, de la sagesse, de l'humilité.

Je repense à Alain Gerbault. Il essuie tempête sur tempête, même dans les alizés. Jeune, je prenais pour argent comptant ce type de récit. Lorsque l'on est en solitaire, il est toujours facile de déborder du cadre, de jouer la surenchère, de dramatiser une situation. De temps à autre, je croise des plaisanciers qui n'ont pas de mots trop forts pour décrire

1. Classement final de la Golden Globe Race : 1. J.-L. Van Den Heede (France), 2. M. Slats (Pays-Bas), 3. U. Randmaa (Estonie), 4. I. Kopar (États-Unis), 5. T. Lehtinen (Finlande).

une situation dantesque où ils sont, soi-disant, sortis par 50 nœuds de vent voire plus. Personne ne sort par un tel vent ! À quoi sert d'en rajouter ? La mer mérite mieux que des affabulations, elle mérite le respect.

Je suis certain que ma formation de matheux a également contribué à mon succès. À tout prendre, surtout sur une période aussi longue, la rationalité et la rigueur sont deux vertus qui sont les bienvenues à bord. Loin de moi l'idée d'interdire la voile aux littéraires et aux poètes, mais le fait est que la tendance actuelle en compétition sourit plus volontiers aux scientifiques. Les meilleurs skippers modernes, les Franck Cammas, François Gabart, Thomas Coville, Armel Le Cléac'h, Benoît Marie, Yoann Richomme, Sébastien Simon – qui, tous, pourraient être mes fils –, sont de purs matheux quand ils ne sont pas ingénieurs au vrai sens du terme. Les records et performances enregistrés ces dernières années sont directement tributaires de leurs compétences et de leur vision du futur. C'est le propre de l'homme d'aller toujours plus loin, toujours plus haut, toujours plus vite. Sauf que derrière toutes ces nouvelles technologies l'humain doit toujours rester prioritaire.

J'ai vendu mon vaillant Rustler 36 à un marin néo-zélandais déjà inscrit pour la prochaine édition de la Golden Globe Race, et qui est spécialement venu du pays du long nuage blanc pour boucler la transaction. Je savais que je ne tiendrais pas longtemps sans voilier, et que profiter du « BDA » (bateau des autres) ne dure qu'un temps. Après une semaine de vacances passée à faire le tour du Luberon avec un vélo électrique, j'ai acquis mon vingtième bateau, un X-37 de course-croisière fabriqué au Danemark de 11,35 mètres, beaucoup plus moderne et rapide que *Matmut*. Avec mon dernier jouet, baptisé *Matmut II*, je vais régater avec mes copains, naviguer parfois avec ma famille et mettre à profit, encore et encore, les préceptes que j'égraine lors de mes conférences : prendre du plaisir, dépasser ses limites, gérer au mieux l'imprévisible et toujours rester optimiste.

Remerciements

J'ai pu participer à cette compétition grâce à la Matmut qui m'accompagne efficacement depuis début 2016. Un partenaire fidèle puisqu'il continuera de me soutenir pour les régates de 2020.

J'avais aussi un petit partenariat avec Armor Lux/Bermudes qui était déjà présent pour mon tour du monde à l'envers et qui continuera de me suivre lui aussi en 2020.

Beaucoup d'autres sociétés m'ont aidé techniquement dans la mesure de leurs moyens :

Acuitis, Akena, Ciel et Marine, Cotten, Cousin Trestec, Facnor, Formacoupe, Gréement Import, Hénaff, Honda, Landreau, NV Equipment, Plastimo, Super U La Chaume, Shom, Sparcraft, Templi Cuir, Voilerie Tarot, Volvo Penta, Yacht Care.

Je remercie aussi tous les amis qui ont donné généreusement de leur temps : Eugène Doussal, Michel

Devillers, Gisèle Taelemans, Jean Billet, Gilles Cosson, Jean-Marc Arthot, Patrick Barrett, André Geffard, Soizic Dary, Jason, Odile et Françoise Lange, Jean-Louis Leclerc, Guy Roger, Alain Zimeray, Jean-Michel Bernard et ses amis vignerons du Bordelais, sans oublier tous les radioamateurs qui m'ont suivi avec assiduité, les membres de l'association Vogue Mini, mes équipiers, mon groupe Globalement Vôtre, ainsi que Hugues Aufray et Éric Bolo.

Matmut a été parfaitement préparé à cette compétition grâce à Lionel Régnier, Olivier Morice et Antoine Delhumeau sans oublier Port Olona.

Enfin je remercie Don et Jane McIntyre qui ont créé et mené cette aventure de main de maître avec leur équipe en partenariat avec Yannick Moreau, président de l'agglomération des Sables d'Olonne, dont l'énergie et la passion pour la voile ont été le moteur de cet événement.

Et si ce livre vous a plu, c'est grâce à Didier Ravon, Benoît Heimermann et les équipes de Stock que je remercie.

Table

Cet ouvrage a été composé
par Soft Office (38)
et achevé d'imprimer en France
par la Nouvelle Imprimerie Laballery (58)
pour le compte des Éditions Stock
21, rue du Montparnasse, 75006 Paris
en décembre 2019

Stock s'engage pour l'environnement en réduisant l'empreinte carbone de ses livres. Celle de cet exemplaire est de :
650 g éq. CO_2
Rendez-vous sur
www.editions-stock-durable.fr

PAPIER À BASE DE FIBRES CERTIFIÉES

Imprimé en France

Dépôt légal : novembre 2019
N° d'édition : 05 – N° d'impression : 912247
75-07-7832/8